就是要幸福：台灣的吉祥文化

林承緯　著

目次

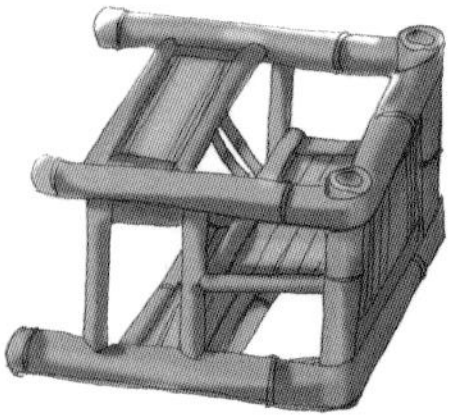

目次

推薦序

本書作者林承緯博士是一位熱心民俗研究的青年學者，也是民俗學界後起之秀。十餘年前在國立台北藝術大學傳統藝術研究所，我在所上開設一門與台灣民俗研究有關的課程，承緯當時就來選這門課。課堂上，承緯時常提出問題，也常以田野的資料來詮釋，當時我覺得承緯好學不倦，而且有深度的學術知識，在同學之中是一位非常勤奮又好學的青年學子。碩一時，承緯就來問我，碩士要念幾年，我說精讀、辛苦一點，兩年就夠了，承緯果真兩年就畢業。讓我想起先母常對我說的話：「世界上只有懶惰的人，沒有懶惰的土地」，意思是說只要你肯努力一定會有收穫。承緯就是肯努力的人。

這一本書部分是承緯的碩士論文，但他再做整理並且增加材料，提升新的看法和論述。本書以台灣人的一生禮俗及其相關的吉祥文物為主軸，記敘人的一生：出生、成年、結婚、壽辰，一直到人生終點死亡的喪葬儀禮。一連串的人生歷程中，每一個階段的開始和結束都充滿危機，人們為了要能順利通過這些關口，就產生了各種祭儀，為了確保美滿幸福，民間發展出各種吉祥文物營造吉祥氣息。吉祥文物在屬性上有植物、動物、食物與器物，這些文物象徵人生願望，在緊張時刻以吉祥的氣息來實踐幸福美好的希望。

本書是一本深入淺出的作品，有學術的深度但亦可作為一般了解民俗的入門書，全書圖文並茂，文字的描述詳盡，每個民俗的細節都包括在內，同時最大的特點在作者不但指出習俗的內容，也說明習俗的深層意義：「為什麼」？這是坊間一般民俗書籍所欠缺的內涵。要說明「為什麼」，不是一般民俗研究的人所能提出的。在圖案方面，承緯的書中是手繪的，讓讀者更能清晰理解吉祥文物的樣貌。

這一本書實際上，可做為大學、研究所學生要了解台灣民俗和生命禮俗的教科書，也可做為社會大眾要認識人生禮儀的重要參考書。

我很榮幸能先讀到本書的原稿，這本書的出版有助於台灣民俗學的發展，這是一項基礎的工作，也寄望承緯能再接再厲，有更多的著作發表。

民俗學者
阮昌銳

引言　吉祥緣起

在人類的社會裡，凡有人必有俗，有俗後而有禮，故俗先於禮，而禮本於俗，以禮結俗，即為禮俗。「俗」與「禮」是任何一個社會中並存的文化型態，這兩者雖同源自人類的原始文化，卻在歷史的傳衍與時代的更替下，呈現同源而異流的現象。「俗」指民間的生活慣習、民間傳承，是人類在共同生活環境中，為因應一切現實需求，發展而出的生活規範，也就是所謂的「小傳統」。這般傳統文化孕育於底層的庶民社會，具有強韌的延續性及草根性，故在歷史洪流的發展中，始終代代綿延不絕的被傳承延續。「禮」是社會的行為規範，其文化型態大體以儒家思想為核心，展現知識份子對於現實生活的關懷，亦有「大傳統」之稱。兩種文化型態交互分工並存於社會，雖然大傳統始終具有較強勢的姿態與力量，不過在彼此交互消融的影響下，仍能保持穩定的文化發展狀態。可惜的是在近代以來，隨著勢力強大的外來文化與社會型態、生活環境等因素急遽轉變，傳統文化面臨前所未有的衝擊及危機，在寶貴的文化資源逐漸流失於歷史洪流之際，如何挽救岌岌可危的傳統成為今日刻不容緩的當務之急。

自古以來，追求美好人生一直是人們普遍存在的心理特徵，這種信念源自於人類的原始需求欲望，在原始宗教思維的影響與漫長的時空傳衍歷程中，逐漸地凝聚成各民族、族群的基底意識。如此的文化現象，我們根據其價值取向，賦予「吉祥文化」一稱。吉祥文化是民間普遍的價值與處世精神的忠實體現，藉由語言、符號、物質特性等表現模式，將現實生活中的客觀事物加以形塑，使之成為具備象徵意涵的載體，達到人們對吉祥幸福祈望上的具體呈現。

「吉祥文化」，緣起於人類初期社會裡的宗教性祈願，人們藉助於神秘信仰的力量，傳達對平安、吉祥、幸福等質樸而實際的祈求，是透過這樣的思想形式，編織而成的一種對美好人生的期盼。其祈願具有明顯的功利性及現世性，是世間大眾在面對艱苦生活環境，所生成的對美好生活的渴望。另一方面，祈吉納福的文化思想，由於根植於民眾的心靈之下，故也成為民間成就價值觀的一種投影，可謂表現人們欲望、動機、行為、目的，或是個人與群體行為方向的抽象思維表露。如此的文化型態多數源於傳統庶民社會，因此自古以來，不僅隨著人們的口碑與少數的文字、圖紋造型被傳頌延續，更搭配運用日常生活周遭的禮俗行為及實體事物的象徵作法，成為人們體現與傳達心靈祈求寄望的主要模式。

吉祥文化涵養著庶民社會代代傳承的智慧，對於傳統藝術而言，更可稱得上是創作與構思的重要母體。在台灣漢人傳統的生命禮俗中，蘊藏著一套獨特的吉祥文化體系，透過吉祥物以表現各項不同的祈求心願。當我們回想起傳統民間的各個成長景象，新生命降臨，少不了需準備紅蛋、米糕。男婚女嫁，瓜棗豆粟或竹篩、甘蔗，成為必備之物。當生命步入盡頭，腳尾飯、米斗、鐵釘、五穀，是喪俗中必見的一部份。這些禮俗文化伴隨著歷史演進，在台灣這塊土地上發展而茁壯，它不僅流露著先民豐富的生活智慧，更投射出一套獨特的人生觀、民俗知識。隨著生活型態的變遷，當傳統逐漸離我們遠去之際，這些過去出現於婚喪喜慶的吉祥物，依舊堅守於各禮俗環節，保有無可取代的特殊位置。究竟吉祥物在傳統生活禮俗具有何重要性？它又如何根植於民間文化，進而伴隨著人們度過一生？再者，這些吉祥物是如何形成、如何表現？在它們的身上到底體現著先民何種的心願及價值？本書將從介紹台灣傳統生命禮俗與吉祥文化開始，針對各吉祥物及相關習俗禮節的由來、意義進行解讀，帶領著讀者重新回到傳統文化的原點，為台灣人豐富的民間智慧進行再發現之旅。

第一章

祈吉納福的世界

文化象徵與吉祥物

原始文化象徵的濫觴

世界上存在著各種不同的族群、民族，彼此不僅在人種上有很大的差異，文化也多半獨立孕育生成。不過在各種族、民族間，卻存在著一個共同的信念、情緒，一種宛如本能般的心理特質，那就是對吉祥的祈盼，寄望幸福圓滿、退避災禍的信仰心理。如此基於人類幸福美滿、退避災禍的心意傳承，陶思炎《祈禳：求福、除殃》一書將之稱為「祈禳文化」。對每個人來說，追求幸福，期望任何與自己相關的事物，都能朝著自我期盼的方向發展這種信念，從我們出生開始，便一直是人們內心共通的思維判斷及行為模式。如此的思維、觀念，綜觀古今中外全人類，無不將此視為處事的信念與行為依歸。自人類存在於世開始，從最基本的如生存、安全等原始需求，直到文明社會所追求的功名成就、自我實現，皆與祈求幸福、吉祥、平安、成功、快樂、財富等現實目標有關。祈求吉祥美好的意志，隨著時間的發展，漸漸的孕育成人類基底的價值信念。

在這般價值信念的基礎上，順應歷史文明的發展演變，除了受原始宗教與其信仰觀的影響，伴隨時空環境而生成的觀念，也與原始思維下的價值信念產生交融，進而產出一種體現祈吉納祥的文化。對此觀念思惟模式，可針對其主要內涵意義，細分出充滿「積極性格」的祈福納吉觀，及帶有「消極性格」的禳災辟邪觀。這兩觀念體系的深層內涵實為一體兩面，在現實生活的運用與實踐形式上也十分相似，彼此間相輔相成立足於文明的發展，同時也具有很強的巫術性、宗教性，是人們心靈深層的思維及觀念。由祈吉納祥所構成的吉祥文化，就文化屬性而論有積極的意義，至於禳災辟邪所發展的文化型態，則以退避、抑制等相對消極的作法作為實踐。

只不過在現實生活中，祈福納吉觀與禳災辟邪觀的實踐，多半採取主觀性、抽象虛幻的神靈世界來認知，以達到改造客觀性、真實的自然世界與現實社會。因此，經常透過「象徵」的表現形式以達到抽象觀念的體現，關於這種象徵思維及表現模式的發軔，可追溯至原始時期，先民嘗試利用原始手法來趨吉避凶。漸漸地，人們自覺性的開始運用或製造各種象徵美好吉祥的吉兆，進而有系統的發展出符號、數、物像等象徵形式，以達到對幸福美好的追求。

象徵及其模式

心理學家卡爾．榮格（Carl G. Jung）在《人及其象徵》一書中如此定義「象徵」：「所謂的象徵，是指術語、名稱，甚至是人們日常生活中常見的景象。但是，除了物質本身傳統而明顯的意義之外，象徵還擁有著其他特殊的內涵。它意味著某種對我們來說是模糊，未知與遮蔽的事物。……當一個字或一個意象所隱涵的事物超過明顯的和直接的意義時，就具備了象徵性。」而克利福德．格爾茨（Clifford Geertz）認為：「無論什麼物質、行為、事件、語言，如果可以傳遞某種意義，就可以稱為『象徵』」。哲學家黑格爾（Hegel, George W.F.）在論述象徵時，則提出了「象徵一方面是一種在外表形狀上就可暗示某種思想內容的符號，另一方面又能暗示某種普遍性的意義。」這樣的看法。也有某些學者指出象徵是外在感性事物的形象，暗示一種抽象的、普遍的意義，其所給予人們的，或者使你我所意識到的，不是這麼具體性，像是外在事物本身呈現的清楚意象，而是以某種特徵所暗示的普遍性意義。

換另一個角度來說，象徵是一種人類文明發展下的文化產物，它並非形成於個人的發明創造，而是經長時間與眾人的思維孕育，生成的一種集體意象。象徵屬於人類原始的思維模式，是人類潛意識下的產物，故透過對文化象徵構造的理解，可讓我們更深入了解人類原始的思維內涵及深層文化的意義。象徵為人類原始思維的模式之一，其與語言、原始巫術、原始宗教、原始神話及原始藝術之間，具有無法分割的緊密聯繫。心理學家安海姆（Arnheim）在《藝術與視覺心理學》一書中指出「所有藝術都是象徵的」；黑格爾更將象徵視為「藝術前的藝術」。作為一種思維模式及文化表現的象徵，起始於人類文化發展的萌芽期，歷經各世代的文化傳承而得以展開，成為人類文明及觀念的體現者。象徵即立足於此觀念的基礎，得以生根發展而茁壯。

文化象徵的類型模式與吉祥物

人類祈盼幸福、退避災禍的觀念，發萌於早期智人階段（Early Homo Sapiens），是受原始思維誘發的心理現象與行為模式。其以有靈觀與有神觀為前提，透過聲音、圖象、動作、自然物與人工物等媒介作為心意表達的工具或手段。這些實踐應用的方式，廣泛傳承於各民族文化間，透過多元表象的形式作法，楔入人們生存的物質生活、社會生活及精神生活，使之成為世人追求實現價值信念之標的。關於漢人祈吉除殃文化的應用，根據陶思炎《祈禳：求福．除殃》建立的分類形式，可分成「語言」、「圖象」、「動作」、「器物」共四種基本類型。所謂的「語言型態」，泛指透過語言的運用，達到祈吉除殃的文化象徵型態，這種源於對語言的神秘觀念，有咒語、歌謠、吉祥話等表現。「圖象型態」是以圖象寄託祈吉除殃心理的文化象徵，透過「立象以盡意」的作法達到顯現，包括了造型圖樣、符籙等形式。「動作型態」則是以動態行為追求祈吉除殃的文化象徵，其借助於程式化的動作，或有一定過程步驟的行為，達到對外在物質產生的作用，有舞蹈、儀式等動態表現。「器物型態」則透過人造物或加工過的自然物，呈現祈吉除殃文化的象徵，主要有吉祥物、辟邪物等表現形式。這四種型態的象徵產物作為凝聚祈吉除殃觀念下的文化產物，同時也結合了人們的觀念意志，將心靈價值、追求等情感信念，採客觀且具體的形式加以表現。

陶思炎對祈吉除殃文化應用上所進行的分類及詮釋具代表性，不過在前引的立論闡述下，卻未進一步探討各形式間的發展演進。面對語言、圖象、動作、器物的文化象徵模式，筆者以為取材於自然尚未加工之物，應該是最早被運用的類型。由於吉祥觀產生於人們的感知，所以實踐施行也會從生活周遭最易取得的物件下手，因此，生活中隨手可得的自然物成為最初期的寓意載體。接著，隨文化複雜及多元性的提升，當面臨原本選取之物已不敷使用時，人們便開始將自然物加以修飾，或依據運用所需，擇取自然物的部份為材，以實際形式上的添加或製作來創造寓意載體。緊接在「器物」類型之後的是「動作」、「語言」，藉由這兩形式的配合運用，增添器物在文化傳達上的效度、廣度，同時也因這兩類型加入所萌發的影響力，配合著動作或是聲音、言語及器物，構成一組漸趨完備的文化表現模式。

最後一種形式為「圖象」，圖象類型的應用，稍晚於語言、動作、器物三型態，其形成主要奠基於前述三類型的基礎，並以器物類型為主要的衍生模式。器物類型的模式發源最早，隨著文化條件上所出現的變化，與各種新文化元素的納入融合，促使文化象徵模式產生演進。器物類型主要的表現形式為象徵物，象徵物做為文化表現的符號與載體，將隨著文化型態的生成，持續演變出可相容對應的表現模式。具體來說，從初期多採用的自然物，至針對自然物進行微調修飾下所生成的人工物；接著，當該類型的象徵物運用殆盡，一種完全採行人類抽象觀念形塑的象徵物隨之而生。這種象徵物擺脫了物質原屬性在創作上的侷限，能夠任意依人們的意向進行調整、改變，譬如審美、實用的兼顧，使象徵物擺脫單一型態的屬性。而在審美藝術性的加入，象徵物又衍生出另一種以圖案文字創作的類型，讓象徵物從立體而單一形式，逐漸轉變成平面而綜合性的文化象徵，這樣的轉變可謂「吉祥圖案」的濫觴。

前述是對祈吉除殃文化在發展演進等實踐層次的詮釋，這四種應用形式，在發展上由於具先後發展順序，所以在寓意及物化的呈現，大都也承繼這樣的模式型態。透過對發展演進與內涵的理解，相信已不難發現「器物類型」之於其他表現形式具有的特殊性。雖說這四種類型相互間在發展與運用上仍具依存的連帶性，不過器物類型的表現模式對整個文化體系而言，更有其獨特的地位。藉此以下篇幅將著重對器物類型的考察，並將焦點集中於祈吉除殃文化象徵體系下的吉祥象徵物。

「吉祥物」屬於吉祥文化體系下的器物型體現模式，扮演著吉祥文化載體的功能，其取自於動物、植物、食物等存在於你我生活周遭的具體事物。並在這些物質之上，賦予象徵意象、價值判斷、功能意義，使之突破物質本體的界線，提升成傳達思想及精神內涵的文化載體。吉祥物是一種象徵物，不過並非所有的象徵物都是吉祥物，做為一種吉祥觀念的表徵，是吉祥文化的符號，是一種借以制抑他物、輔佐生活的工具。此外，吉祥物雖具有神秘的宗教色彩，不過同時也充滿了濃厚的現實氣息。往往體現著原始思維的誘發，伴隨著人生各階段的展開，形成一則則無聲的吉祥祝福。吉祥物不僅滿足世人追求吉祥如意的心願，更賦予人們面對人生挑戰的信心與勇氣。

漢人的傳統吉祥文化

自古以來，漢人社會就特別重視吉利、祥瑞的心理感受，因此「吉祥」的概念甚早出現於典籍文獻之中。所謂「吉祥」，意指象徵美好事物的徵兆，這兩字在早期的典籍記載是被分開而論的。「吉」字，早在甲骨文中就已出現，而在《易・繫辭下》亦提到：「吉事有祥」，「吉」一字為善、利益，「祥」指預兆之意。此外，在古鼎銘文中，「吉祥」常寫成「吉羊」。古代之所以將「吉祥」寫成「吉羊」，主要是因「羊」本身具吉利的象徵，由於羊與人類的生活關係密切，且性情也相當溫馴，故被人們賦予了吉祥意象，因此將「祥」與「羊」視為相通用詞。再者，《莊子・人間世》云：「瞻彼闋者，虛室生白，吉祥止止。」對此語，成玄英《疏》云：「吉者，福壽之事；祥者，嘉慶之徵，止者，凝靜之智，言吉祥善福，止在寧靜之心。」由此可知，「吉」字的本意指好事、善事，「祥」為徵兆，並無象徵吉凶之意。

至於「祥」字，《左傳・僖公十六年》云：「是何祥也？吉凶焉在？」，而在《史記・殷本記》中出現「亳有祥桑谷共生于朝」的「祥」字，指得是凶兆的意思；至於《中庸》所云「國家將興，必有禎祥」的「祥」字則為吉兆。如此的情況一直到後來，「祥」才逐漸成為吉兆，同時將「吉」、「祥」二字相互連結，構成一個固定詞句，專指美好事物所顯示的吉兆。至於象徵吉祥的事物，則稱為「吉物」，在王充《論衡・初稟》云：「文王當興，赤雀適來，魚躍烏飛，武王偶見。非天使雀至白魚來也。吉物動飛而聖遇也。」在漢人文化中，「吉祥」是最盛行且通用的祝賀之語，並以此為核心發展出吉祥文化。

歷史上，流行於民間社會的吉祥文化源遠流長，雖然這些文化觀念依舊受到官方文化價值的影響，民間也曾不只一次的與外來文化發生接觸交融。不過，屬於民間基層的文化內涵，畢竟不同於官方與外來社會的文化，民間的吉祥文化形成及其演變，一直仰賴其本身獨特的發展途徑。對於民間追求的吉祥文化，也就是透過吉祥物所展現的外延，該如何給予一個界定？我想若提起傳承於漢人社會的吉祥文化，大致可含括早見於古籍的：「五福：壽、富、康寧、攸好德、考終命（福、祿、壽、喜、財）」、「三多：富、壽、子」，以及形成於這數百年間，今日仍廣為民間熟悉的「福、祿、壽」與「財、子、壽」等吉祥觀念。

五福

「五福」之說，在民間與文獻記載上，出現兩種不同的解釋。一般民間廣泛流傳的「五福」，泛指由「福、祿、壽、喜、財」構成的吉祥觀；不過在古籍《尚書・洪範》中，則出現：「五福：一曰壽，二曰富，三曰康寧，四曰攸好德，五曰考終命。」之說。這裡所示的「攸好德」指擁有好的德行，「考終命」則指善終不橫夭。流傳於民間的「五福」吉祥思想，具有較鮮明的世俗性，相反的，出自古籍的「五福」觀，除了具有對幸福的祈求，似乎還多了一份道德教化的涵義。

五福捧壽圖

五福神

天官賜福圖

天官財神

（一）福

「福」的概念，屬於一種超現實的抽象幸福，是所有吉祥觀念的總匯，普遍存在一般民間社會之中，是漢人數千年來，竭力於追求，並奉為終身追求的目標。如《說文解字》所云：「福者，無所不順。」意思是說，「福」指的是完全達成所有的心願，實現所有的理想，達到極盡完美之境。《韓非子．卷六．解老》云：「全壽富貴之謂福。」同樣也指出「福」是人們祈求全面性的吉祥幸福。如此可見，泛指一種抽象的概念，導致人們對「福」的理解，也將產生因人而異的情形。譬如：子孫滿堂是福，加官進爵是福，平安順利是福，無病無災是福，賺錢發財是福，長命百歲是福。藉此可見，「福」成為所有幸福觀念的代表，涵蓋了眾人所有的祈求心願。

又如《尚書・湯誥》云：「天道福壽禍盈。」賦予了上天將庇祐善人的觀念，這樣的吉祥祈求流傳至民間，在擷取天官大帝信仰之下，造就出「天官賜福」的吉祥意象。如此的情況從民間流傳的諺語，如「天官賜福」、「平安五福來自天來」等字句，皆透露出在民間已發展出天官為賜福祿之神的信仰觀，並將天官視為民間重要的祀神。在此需補充說明的是，天官執掌賜福人間的觀念來自道教中的三官大帝信仰，「三官大帝」為道教高階的神祇，其稱號分別為上元一品天官賜福紫微大帝、中元二品地官赦罪清虛大帝、下元三品水官解厄洞陰大帝。民間信仰中，由天官大帝司掌人間禍福，所以在民間便將天官視為「福神」，而有「天官賜福」、「福星高照」、「紫微高照」等說法。

跳加官

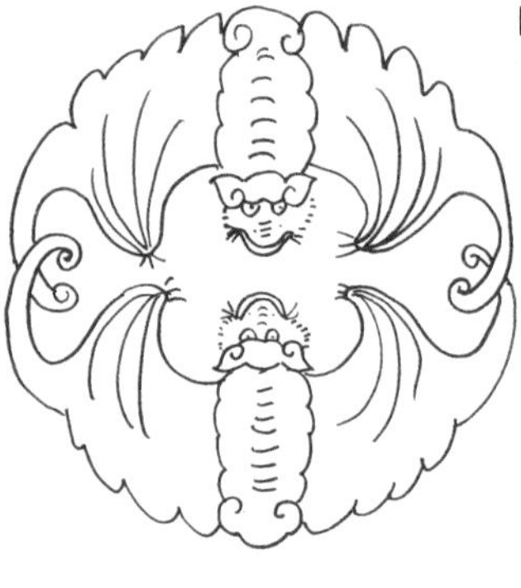

雙福圖

「天宮賜福」的景象，也同時出現於傳統戲劇演出之中，例如在傳統戲劇演出時，常會在正戲開演前，先上演一段「扮仙戲」。民間希望透過戲劇演出的動態呈現，將天官降臨人間賜福百姓大眾的景象給模擬出來，以期望藉此作法能得到神明的賜福庇祐。自古以來關於福的吉祥物及圖案，不論在數量或類型上皆相當龐大。如「福」與蝙蝠的「蝠」同音，在民間存在著有形恆久寓意可讓幸福更長久的觀念促使下，蝙蝠的圖樣成為了吉祥圖案中，廣泛被運用來傳達

「幸福」的主題，並衍生出「五福捧壽」、「納福迎祥」、「五福和合」、「雙福」等圖案。福的概念被視為所有吉祥觀念、心願的總匯，不過一般而言，福主要與富、財祿等觀念較為接近。因為對任何人來說，吃、穿是人生最基本的需求，所以財富的擁有，成為滿足人生最基本需求的條件，使得財富便是幸福之見油然而生。像是《西銘》：「富貴福澤」，以及這三者在終極祈求上構成的共同性，導致「福」、「富」、「財」等概念被民間視為可互通代換的吉祥心願。

文昌帝君

加官受祿圖

（二）祿

「祿」字，早在西周時期的青銅器上即出現，在毛詩傳注《詩經》、《爾雅》、《說文解字》等典籍中，大都以「福」字來解釋「祿」字，故可知「福」與「祿」原本的意義近似且相通。不過到了春秋戰國之後，「祿」的字義從原本具廣泛涵義的「福」，轉變成實質意義的「俸」。從此「祿」字的象徵意涵，取意為考試中舉、功成名就等一連串風光過程，「祿」成為了祈求功名利祿的吉祥象徵。這種字義在日後又隨著歷史傳衍，漸漸地與「子」結合。我想這也可以說是民間將求取功名利祿的心願，寄望於後代子孫下所導致的結果，所以在「祿」的心願之內，其實還含括「祿」、「子」兩個觀念。「祿」具有俸祿財富之意，在民間傳說及宗教信仰中，就將西晉時期富可敵國的石崇，司掌文運功名的文昌帝君，以及四川眉山的張遠霄張仙或是送子張仙，皆視為「祿神」。

《史記．天官書》云：「斗魁戴筐六星曰文昌宮：一曰上將，二曰次將，三曰貴相，四曰司命，五曰司中，六曰司祿。」說明在北斗星上方，有一座由六顆星組成的星座，名為「文昌宮」。而在文昌宮六顆星之中，「司祿星」具主管人間獎賞功名及拔擢任官的職能。雖然「司祿星」只屬於文昌宮六星之一，其他五顆星尚有各自的職掌功能，不過民間的認知，將功名利祿視為人生重要的追求之一，便把「司祿」的功能加以凸顯擴大，進而掩沒了其他五顆星的功能，讓文昌成為世人心目中掌管人間功名利祿的「祿神」。至於「子神」指的是《封神榜》描述下，那位擁有九十九子的周文王，民間深信他有百子之福，所以將周文王視為「子神」。除此之外，對於子神的傳說，還有送子張仙一說，送子張仙為傳說神話中的送子之神，傳說他為五代時期眉山人張遠霄，在青城山上得道，成為道教信仰中的仙人。

「祿」這個吉祥心願在民間，是一種對於出人頭地、出類拔萃的祈求，只不過對一般人而言，高官厚祿的取得相當不易。尤其對市井小民、販夫走卒來說，連最起碼的養家餬口都是一件大問題了，那有什麼條件能培養子弟讀書考試。面對宛如高不可攀的心願，促使「祿」的內涵逐步產生變化。一方面，也出現若要取得「祿」，亦需具備福氣的觀念，在民間流傳的「祿」同「福」之說影響下，進而衍生出「受天福祿」的吉祥話。同時，由於「祿」是可望卻不可及的，所以不如提升對「子」的祈求。畢竟雖然在這一代無法求得功名，不過在有了後代之後，似乎對未來也多了一份期待與希望。

馬上封侯圖

早生貴子圖

再者，透過相關的吉祥物或圖案表現，亦可視為民間對「祿」祈求的展現。例如「鹿」與「祿」互為諧音，鹿便成為「祿」的象徵之一，透過搭配具象徵性的實體事物，將「祿」這份吉祥心願加以應用體現。如以束帶加冠的官吏撫摸花鹿所構成的「加官受祿」圖，或是在「福祿壽」三星圖之中，以化身成鹿的形象。另外，像以猴子騎馬所構成的「馬上封侯」，或以母猴背著幼猴的「輩輩封侯」圖案，同樣也生動地流露民間對「祿」的祈盼。至於在「子」的祈求方面，譬如以一隻公雞與五隻小雞所構成的「五子登科」圖，或是由棗子、桂圓、栗子、荔枝、石榴等具「子」意涵的吉祥物所組成的「早生貴子」、「早立子」、「榴開百子」等圖案，都是透過圖案呈現吉祥心願的代表之例。

(三) 壽

「壽」的追求，是人類樂生惡死的本能表現，對傳統的漢人社會而言，「壽」的觀念乃是長期文化發展下的累積。對於這項吉祥心願，其實早在《詩經》就已出現「萬壽無疆」、「如南山之壽」等描述。從先秦時期開始，所謂「長壽安樂，安享終年」的概念即形成，也成為人們當時重要的心願之一。又如在《尚書・洪範》的五福觀念中，不僅將「壽」列為首位，同時這五項的吉祥心願，光是與長壽相關的心願，就有「壽」、「康寧」、「考終命」三項，可見人們對於「壽」的重視。「長壽」成為吉祥文化重要的觀念，而陸續出現「五福壽為先」、「人是難逢壽，五福壽先稱」、「五福捧壽」等相關的口傳之說。人們甚至將長壽看得比功名、利祿都來得重要，主因在於唯有保持康健的體魄，才有機會享受子孫事業有成，一家子孫滿堂的幸福這般認知。另一方面，在「人在一切在」、「留得青山在，不怕沒柴燒」、「人在人情在，人亡人情亡」等諺語中，也忠實地反應漢人對於生命的重視，追求的是基本存在的價值。

換句話說，人們深信唯有永保健康的身體，才有追求功名利祿、享受家庭圓滿的可能，追求人生最大的幸福，先決條件在於生命的延長。況且，過去人們在面對世俗社會代代相傳的這份現世觀，更將對幸福的祈求寄予在實際的生活之下。例如諺語所見「好死不如賴活」、「留得青山在，不怕沒柴燒」，如此的觀念，使得「延年益壽」、「長生不老」等祈願成為民間心靈最深層的祈願。此外，長壽的追求也與傳統宗法制度有關，在以嫡長子繼承制為核心的宗法制度下，「年長」具有在同世代間，以嫡系長子為尊，以及在大家族之中，以嫡長子為全家族代表這兩層意義。由於長者於家族中，擁有全家族、權威、秩序的象徵地位，大家為避免因長者過世所造成的家族分裂，以及在分裂後連帶對家族整體帶來的衝擊，進而導致全族人共同利益的破壞，也因此，盡可能祈求「長壽」，成為維持宗法秩序的途徑之一。

「壽」這個觀念，流傳於你我生活周遭事物及民間各禮俗之中，伴隨著漫長的歷史傳衍過程，在抽象概念物化表象的作法下被加以顯現，進而發展出一系列表現長壽寓意的吉祥物。譬如：龜、鶴、鹿、桃、松等動植物，都成為了民間慣用的「長壽」象徵，具傳達長壽吉祥心願的作用。此外，像是居住於南天的南極仙翁老人星、神話傳說中活到八百多歲的彭祖，擁有不死藥及延壽仙桃的王母娘娘及偷得仙桃的東方朔等，都成為象徵長壽的題材人物，而被人們視為「壽神」加以崇拜。特別是南極仙翁又稱壽星、老人星，在一般民間所流傳的形象，大致為慈眉善目、長頭高額、留長鬍鬚，呈慈祥老人狀。人們對於壽星的崇拜與祭祀已有相當長的歷史，如《史記．封禪書》所記載的「秦并天下，于社亳有壽星詞」，《通典．禮門》云：漢代在仲秋之月，祀老人星於國都南郊的老人廟。唐代朝廷下令，「所司特置壽星壇，……宜祭老人星及角亢七宿」。在此之外，民間神話中還出現「天仙捧壽」、

「群仙祝壽」、「麻姑獻壽」等神仙形象，這些也說明了神明獻壽早已是民間信仰重要的信仰觀之一。人們透過神明祝壽的意象，傳達對延年、長壽、長生的期盼，祈求以此能達到長生不老、萬壽無疆之境。

壽神圖

（四）喜

「喜」是漢人傳統人生理想及心靈的重要心願，關於喜的字義內涵，如《說文解字》釋：「喜，樂也」，《國語・魯語下》：「固慶其喜而弔其憂」。基於這些闡述說明，大致可將「喜」的意涵理解為歡樂、吉祥喜悅之意。譬如「久旱逢甘雨、他鄉遇故知、洞房花燭夜、金榜題名時」這四句宋代流傳的人生四大得意事之說，雖不足以概括民間所有的喜事，卻已對「喜」這項吉祥心願的內涵，提供了相當生動而巧妙的解釋。所謂「久旱逢甘霖」，說明了急需之事物獲得解決，與應景物之喜出望外的感覺，表達了人們內心對於「喜」的祈望。而說明在異地與親人朋友相遇之喜，為「他鄉遇故知」之喜悅之情。又如「異鄉遇親人，喜相逢」、「千里遇知音，喜相逢」等歇後語，所傳達的則屬於團圓歸屬之喜。「洞房花燭夜」的婚俗情景，在民間將完成終身大事視為人生大喜之一。在《易・咸卦》中提到：「有天地然後有萬物，有萬物然後有男女，有男女然後有夫婦，有夫婦然後有君臣，有君臣然後有上下，有上下然後禮義有所錯」，更將婚姻關係的重要性給表露無疑，可見洞房之喜，實不愧為人生一大喜。也因此，民間也將結婚之日，稱為「大喜之日」，同時在婚嫁禮俗中，將贈送親友分享喜悅的糕餅點心，叫做「喜餅」、「喜糖」。對婚禮當日擺設來招待親友的酒宴，稱為「喜宴」，參加婚宴稱做「喝喜酒」，對於婦女的懷孕，稱為「有喜」，由此可知，「喜」的本意與婚嫁、生育息息相關。

「家無讀書子，官從何處來」、「一人得道，雞犬升天」、「書中自有千鍾粟」等諺語，說明了世人對透過科舉以尋求功成名就的寄望。對民間社會而言，考取功名不僅個人功成名就，而且對家庭、族人、鄉里都有很多方便之處。所以在人們心中，也將金榜題名視為是人生至高的榮耀，因此，造就出最令民間引以為「喜」的代表。以上四則的人生之喜，真實的將民間所祈求的心願、期望表現出來，雖然「喜」的範圍相當廣泛，不過簡單說「喜」象徵的心願祈求，是一種歡樂、高興、吉祥的徵兆。由於「喜」呈現的是幸福、喜悅的意象，故在民間相當受人們的重視，進而形成眾多與喜相關的信仰、習俗及吉祥物。例如「喜神」的出現，便是人們趨吉避凶心理所造就的產物，並賦予喜神司掌婚姻、平安，甚至兼具財富等信仰內涵。除此之外，就其他納喜的手段，譬如透過聲音、語言來傳達祈求的吉祥話，藉由物化所形成的吉祥物，像是喜鵲、蝴蝶、如意等物。另外，也有採取圖案文字來傳達吉祥心願的作法，如採用喜鵲與古錢圖形所構成的「喜在眼前」，以蜘蛛垂網的圖案來呈現「喜從天降」，或是採兩位笑顏童子相對而成的「喜相逢」等圖案，皆將「喜」的心願清楚呈現。

喜神圖

(五) 財

「財」可謂金銀財寶的總稱，《說文解字》云：「財，人所寶也，從貝才聲」。滿足物資財富、或直稱為發財這樣的願望，從私有制度形成以來，上至達官顯要，下到一般升斗小民，無不以此作為終生的追求目標。就像是「人為財死，鳥為食亡」、「有錢說話嗚鋩鋩，無錢說話真不通」、「一朝無錢，妻奴無義」、「有錢道真話，無錢話不真」等流傳於台灣民間的諺語之說，皆相當生動且清晰地將民眾對錢財的重視給呈現出來。傳統民間的求財方式，除了透過考取功名，以達升官發財之外，一般最顯著的是仰賴商賈以賺取財富，不論是商家店鋪或販夫走卒，對於發財致富總抱著無比的祈望。在中國南方流傳著一種求財的習俗，民間在過年期間，以互贈橘子的方式來賀年，寄望透過橘子所象徵的吉利，能有助於發大財、賺大錢，固有「新年新年，沒橘也得錢」之說。基於大眾對財富的追求之心，當反映到宗

武財神

文財神

教信仰上，便發展出財神崇拜的信仰氛圍，人們相信只要虔誠祈求崇信，便可獲得財神的眷顧而發財致富。在傳統民間普遍受崇拜的「財神」，基本上就包含：武財神趙公明、文財神比干、天官財神、石崇、范蠡、關聖帝君、五路財神、五通神、利市仙官、和合二仙等神祇人物，由此不難想像在人們心靈上對於「財富」祈求的重視。

「財」這個心願祈求，是上古時期求生存的原始需求所衍生而成的觀念，日後隨著文明演進之發展，成為了人們心中最重要的心願之一。對任何人而言，從呱呱落地的那一刻開始，飽食、衣足便成為最迫切的需求。如何讓這些需求得以滿足，我想從交易成為人類生活普遍的經濟行為以來，財富的擁有便可說是滿足生活所需的必要條件。雖然民間在儒家思想的影響下，人們多於言義，而少論錢財，不過卻未絲毫的降低對於財富的熱中。就「財」觀念上的實踐而言，由於傳統漢人社會主要的經濟生業為農耕，因此五穀豐收成為一切財富的基礎。因此，民眾心理即把對財富的追求，以及對五穀豐登的祈求相混和，使得同樣具財物豐饒之意的「財」、「富」得以相通。此外，也由於「福」與「財」兩概念，都將「富貴榮華」視為終極的追求標的。同時對源自原始需求下的「財」而言，唯有讓生活達到富足之境，即為人生之福，基於如此概念相互的融通共融，民間便將「財」與「福」這兩概念視為一體。從漢人傳統過年時所使用的吉祥話來看，舉凡是「恭喜發財」、「財源滾滾」、「新春大喜大發財」這些人人最常掛於嘴邊的吉祥話，在在顯示人們對財富的期盼，透過這些民俗現象，再次將民間對於祈求財源廣進、發大財的重要性突顯而出。

三果同株

三多

「三多」一詞，源自於《莊子・天地篇》：「堯觀乎華，華封人曰：嘻，聖人！請祝聖人，使聖人壽。堯曰：辭。使聖人富。堯曰：辭。使聖人多男子。堯曰：辭。封人曰：壽，富，多男子，人之所欲也。女獨不欲，何邪？堯曰：多男子則多懼，富則多事，壽則多辱。是三者，非所以養德也，故辭。」在這則故事中，主要描述一位在華地守封疆之人，在堯帝前往視察時，向堯帝獻上祝福的情形，他提出了「三多」，也就是多富、多壽、多男子的祝福。所謂的「富」，泛指財物豐

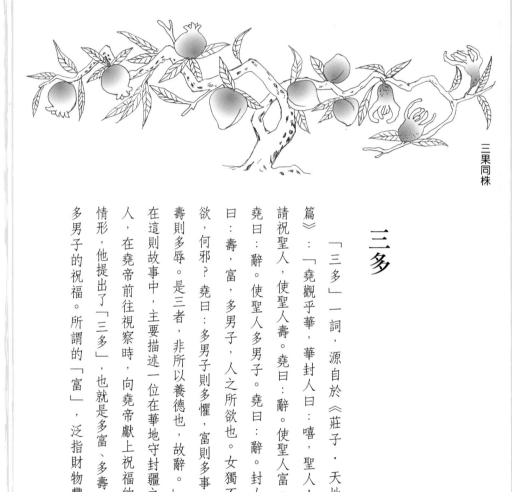

饒之意，這個觀念與五福中的「財」大致相同，是源自人求生存的原始需求意志下所發展而出的觀念。「壽」觀念的本意，指生命的延長，對於這方面的說明，已在「五福」吉祥觀的篇幅中陳述，在此就不再贅述。「子」的概念在五福「福祿壽喜財」內涵中，只被歸類成「祿」觀念的一部份，並未被直接明示出來。不過對於「子」這個觀念，在民間卻一直是被視為重要的祈願。人們廣泛認為能有一群孝順的子孫是最幸福的事，這樣的心願表現於：「多子多孫多福氣」、「七子八婿滿床笏，恰似文王百子圖」、「宜男益壽」等詞句上。對於長輩來說，多子多孫可讓世代家族得以綿延，所以為了讓家族的香火能夠世代相傳延續，便將「子」這個祈願，視為最迫切且重要的心願。此外，就經濟面的問題來說，在傳統農業社會裡，多子多孫象徵的是生產力的增加，充裕的生產力將可提高農作的效率及採收，進而提升財富。民間對於「子」的祈求，除了化為內心期盼的祈願，也會借助具體物質性的吉祥物，譬如：石榴、葫蘆、燈、筷子等物，及圖象文字化的「子孫萬代」、「早生貴子」、「連生貴子」等吉祥圖案，將吉祥心願加以體現。

福、祿、壽

由「福」、「祿」、「壽」這三項吉祥心願所構成的「福祿壽」吉祥觀，其源頭同樣歸各於人們對生命的祈求，就其各別的內涵而論，多半承襲著「五福」的「福」、「祿」、「壽」吉祥觀而來。簡而言之，「福」象徵福氣、財富，「祿」指官位、子孫，「壽」為長命。話雖如此，不過就漢人吉祥文化的歷史流變而論，「福祿壽」構成的這三項吉祥心願淵源甚早，但是構成「福祿壽」這項組合的吉祥觀或是吉祥圖案，大致要到明清前後才正式成形。「福祿壽」吉祥觀之於當時的社會，除了成為人們心靈的祈求表徵，同時在民間更將這三個觀念、心願進一步具象化、神聖化，繪製成各式各樣的「福祿壽三星圖」以為流傳。

福祿壽吉祥圖

台灣民間的吉祥觀：財子壽

「財、子、壽」是台灣與中國南方一帶廣為流傳的吉祥觀，像是「五福難得求，富貴財子壽」、「財子壽，難得求」、「財丁壽，三字全」這幾則流行於傳統社會中的諺語，將「財子壽」觀念在人們內心具有的重要性忠實顯現。「財子壽」的吉祥觀，同源自漢人傳統的吉祥文化體系，就其內涵而言，除了部份由於歷史文化、社會環境流傳演繹下所產生的變化，大致與「五福」、「三多」、「福祿壽」這幾則吉祥觀相似，所以在民間經常將這些吉祥觀交替互用。其中，又以「財子壽」和「福祿壽」之間的相容情況最為顯著。台灣民間對於「財子壽」、「福祿壽」這兩則吉祥觀，由於寓意與形象相近，因此常被人們交互取代替用，少見有意識地針對這兩組吉祥觀之間的異同進行討論。不過當我們透過台灣在民間用品、諺語、民俗圖繪等型態的呈現進行歸納，可清楚發現相較於「福祿壽」，「財子壽」是台灣民間較通俗普遍的一種吉祥觀及民間祈求的心願。

為充分的對財子壽與其他漢人傳統吉祥觀進行討論，以下將針對「五福」、「三多」、「福祿壽」這幾個吉祥觀，與台灣民間普遍共有的吉祥觀「財、子、壽」之間的異同，包含各吉祥觀所蘊涵的概念，所形成的對應及滲透、相容等情形進行解析，初步釐清各吉祥觀相互間構成的影響及承繼關係。

吉祥觀的流傳與演變

考察財子壽之於傳統漢人吉祥譜系的傳承演變，第一步著眼於最早出現於典籍文獻中「五福」與「財子壽」的關係。「五福」的吉祥觀，包含了「福、祿、壽、喜、財」五大吉祥心願，至於「財子壽」吉祥觀，顧名思義是以求財、求子、求壽的三種心願所構成。首先概略比較兩吉祥觀構成的元素，可見「財」與「壽」的觀念，在五福與財子壽吉祥觀之中，皆以單一概念的形式出現，凸顯財與壽於民間所受的重視，而沒有受其他觀念所取代或替換。緊接著，就「五福」中的「喜」與「福」而言，這兩個吉祥心願的內涵近似，不過呈現的意義及價值卻相當廣泛。舉例來說，「福」的觀念，泛指民間一切的幸福之事，有財是福，長壽是福，子孫滿堂是福。至於「喜」則可解釋成喜悅、如意之意，該吉祥觀念涉及的概念，同樣橫跨於其他吉祥觀念之上。也因此，當「五福」觀念下的「福」與「喜」，再轉換為「財子壽」吉祥觀的組成時，便容易被其他更顯具體的吉祥觀念所取代。另一方面，

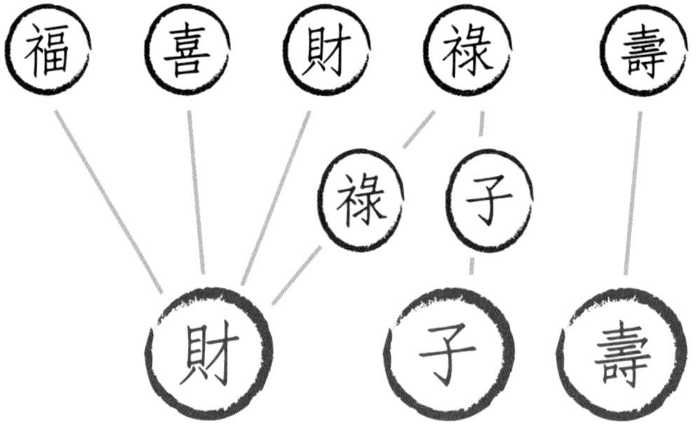

五福與財子壽對應關係

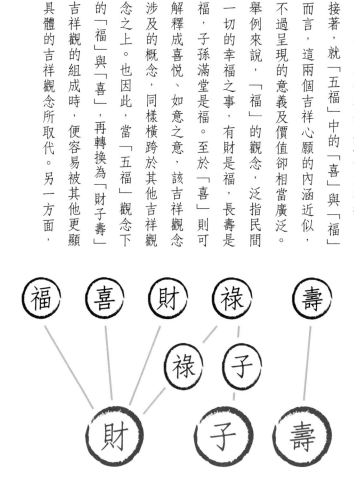

「祿」的吉祥觀念在形塑時產生內涵衍伸，進一步分出「祿」與「子」兩個概念，由於「祿」的內涵指錢財功名，所以再發展成「財子壽」時，就被「財」所取代。至於「子」的概念，由於廣受傳統民間所重視因而獨立而出，成為人們重要的心願。

最早出自於《莊子・天地篇》的「三多」吉祥觀，包含有：「富」、「壽」、「多男子」三種概念，就吉祥觀的內涵而論，與「財子壽」這組吉祥觀極為相似。「三多」中的「富」，具有豐饒富裕的意象，

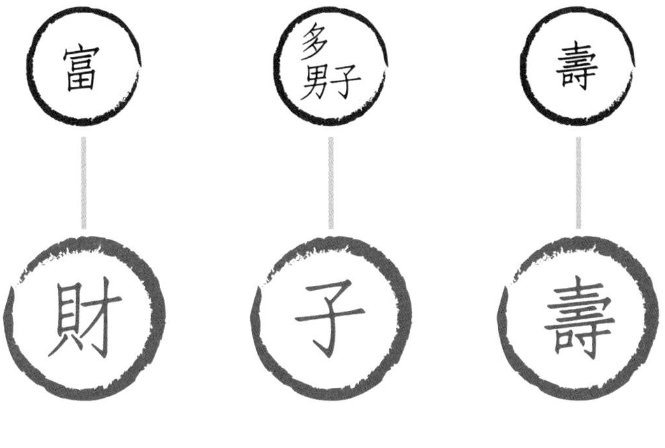

三多與財子壽的對應關係

與「財」所象徵的概念相通。傳統農業社會祈求多子多孫，乃至於懷抱著添男丁的祈願，不僅關係到傳宗接代的香火延續，相對的也將影響一個家族具有的力量。所以不論祈求的是「多男子」，或僅是多「子」，順利的繁衍後代，可謂人生中最為關鍵的心願之一。「壽」象徵的是生命的延長，唯有永保健康的身心，才足以面對任何的挑戰，這個吉祥觀念在兩吉祥觀中皆受到重要。

最後分析「福祿壽」與「財子壽」這兩則吉祥意涵構成最相近的吉祥

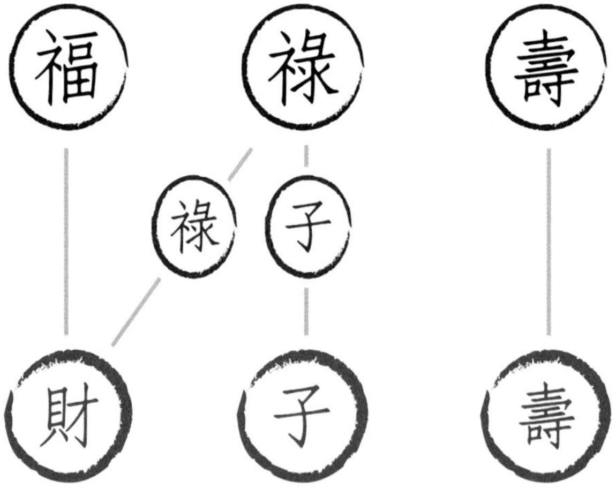

福祿壽與財子壽對應關係

觀，首先矚目的是分別排列為兩吉祥觀首項的「福」與「財」。「財」是維持人基本生存的重要條件，唯有生命的確保，才有創造幸福美滿的機會。所以，對於「福」這個泛指世間一切幸福總稱的吉祥觀念來說，「福」、「財」的概念確實可相通互換。其次，「祿」的意涵可再細分出「祿」與「子」，「祿」象徵的是功名財富，加上傳統升官發財的觀念，使「祿」的概念得以轉化為「財」。至於從「祿」分出的「子」，直接對應於財子壽中的「子」，而對於「壽」這項吉祥觀念的重視，清楚反映於兩吉祥觀共同以「壽」作為具體吉祥觀念的構成之上。

透過以上的分析，顯示出「五福」、「三多」、「福祿壽」等根植於漢人文化傳統下的吉祥觀，與流傳於台灣民間的「財子壽」之間，雖然在基本的傳承途徑及發展源流上可謂系出同門，所以就吉祥觀的構成與意涵上，大致仍可見一定的相似性。不過若進一步對這些吉祥觀個別內涵深究解析，基本上出現幾則值得矚目之處，其中，最明顯的莫過於名列「財子壽」吉祥觀首席的「財」。「財」雖在「財子壽」之中被列為首要的吉祥心願，也同時出現於「五福」吉祥觀，不過在「三多」、「福祿壽」這兩組同樣以三項吉祥觀念構成的吉祥觀中，皆未見「財」的蹤跡。此外，譬如將「子」的吉祥心願列居財子壽次位這樣的構成，也是相當值得持續探討的現象。

財子壽圖

財子壽與台灣歷史發展的詮釋

就文化傳統而言，雖然多數傳承於台灣漢人社會的文化元素，皆淵源於中國漢人的文化傳統，不過當這些文化進入台灣之後，受到當地人文、風土、環境等各條件的影響，導致部份的內涵產生變異。例如在「五福」、「福祿壽」、「三多」等吉祥觀之中，對於財富的追求就不像財子壽將之視為首要，除了「五福」將「財」列居末位，其餘皆不見求財這份吉祥心願的蹤跡。這與在「財子壽」吉祥觀中，不僅出現了「財」，更把它置為首位，視為人生首要的祈願思維，有著天壤之別的落差。根據前篇幅對吉祥觀成因的分析，推測應該與漢人傳統思維，特別是儒家思想有關。對於根植於大傳統下的文化傳統來說，縱使在文化的傳衍發展上，並未全然受統治階級的箝制影響，不過透過各層面產生的束縛相信是免不了的。就吉祥觀之中的「財」而言，傳統儒家所講求的「多于言義，少于言財」的觀念，在「三多」、「福祿壽」等吉祥觀之中似乎得到了印證。

再者，我想各吉祥觀在「財」這項概念的採納上也出現明顯的差異，除了廣受大傳統的思維及價值觀的影響，中國風土環境所造就的大陸性格，亦可視為另一個導因。反觀對台灣民間社會而言，財富明顯地是人們最重要的人生目標，之所以如此，因與台灣的地理環境與人文條件有關。台灣在地理位置上，鄰近中國的東南沿海地區，在十六、十七世紀前後，該地區隨著人口壓力等因素，許多居民為求生計而向外移民，即因地利之便越過黑水溝來到台灣。移民的過程對於初抵陌生之地的先民而言，容易使人產生一份強烈的不安定感。在那險惡的生活環境下，人們為求得生存下來的可能，便將人生的目標與希望，寄託於財富的追求，試圖透過先滿足現世需求的途徑，進而達到心靈的安頓。一方面，也由於台灣的統治政權變動頻繁，這樣的社會型態，也是加深人們心理不安的因素之一，導致求「財」、發財成為人們重要的寄託。當跨越黑水溝來台的先民，在基本的「吃」、「穿」等生存條件獲得確保，便逐步於各地落腳生息。人們在落地生根之後，除了持續追求財富以維持生計；也在傳宗接代、家族繁衍等觀念的驅使之下，結婚生子成為人們再自然不過的願望。只不過由於早期來台的先民，多數為單身男性，有道是「有唐山公，無唐山媽」，因此若要娶妻生子，可說是一件相當不易的事情。如此的社會背景狀態，構成傳承於台灣民間的吉祥觀「財子壽」的內涵，反映出人們對「子」的祈求僅次於「財」。

綜合言之，造就出「財子壽」與其他中國吉祥觀的差異，除了前述的歷史因素、社會背景、風土環境等因素。由於清領時期台灣施行的治理措施相對的消極，導致台灣民間受中國傳統文化的影響並不深，再加上早期來台的先民，絕大多數屬傳統社會相對底層的庶民階級，這些民眾生活困苦且物資貧乏，進而更讓他們將財富的累積視為絕對的安身立命之道。根據香坂順一〈有關金錢貧富的諺語〉一文收集的台灣流傳的錢財相關諺語，數量高達百餘首以上。如「錢是命，命是狗屎」、「死得，窮不得」、「錢在前頭，人在後頭」、「一文錢壓倒英雄漢」、「有錢一條龍，無錢一條蟲」、「一錢如命」、「人為財死，鳥為食亡」、「寧損十年壽，不受老來貧」等諺語，生動地將民眾對財富追求的執著表現得淋漓盡致。雖然在這些民間口傳諺語之中，也可見「家有斗量金，不如自己有本領」、「窮人發財，就是受罪」、「生不帶來，死不帶去」等幾則與前述金錢觀不盡相同之說，不過多數的諺語仍忠實將庶民心中那份對財富的期盼，活靈活現的表現出來。由此顯示基於上述的歷史背景與條件，以及先民在歷史環境驅使下所造就的移民性格，為傳統台灣庶民心靈的層面上，造就出不同於中國傳統文化典型的人生價值觀。

吉祥物的體系與其表現方式

若要理解吉祥物的表現方式，首先必須從象徵物的概念談起。象徵物顧名思義是一種除了擁有看得見、摸得到的物質屬性，同時還兼具以物傳達抽象概念及意涵之物件。換句話說，當人類透過實體事物的表現方式，將思維觀念與抽象意涵，凝聚、物化於一件物質實體上，這樣的物件即可稱為「象徵物」。其中，以體現人們追求美好心願等吉祥觀之物，也就是本書探討主軸的吉祥物。特別是傳統民間在人一生的各環節，藉由禮俗物件固有屬性的利用，或在原性質上再加工，讓這些物件轉變成祈吉納祥之物。每件的吉祥物就像一道無聲的祝福，被運用於人一生必經的禮俗環節，宛如無處不在似的為我們表達對幸福美好的祈求。

「吉祥物」作為吉祥文化的一種類型，這些吉祥物之所以被人們從眾多現實事物中選擇採用，並賦予個別的象徵任務，最主要的因素在於物件本身具有的屬性特徵，擁有可成為人們預期呈現的意涵。因此，傳統社會便可輕易的在物件原屬性的基礎上，再透過對物件本身特質的突顯，運用象徵寓意的表現方式，創造出表意呈象的吉祥物。

吉祥物的物質屬性

「吉祥物」為體現吉祥心願與信仰的物質存在，是一種文化的表現模式，不過既然被稱為「物」，就本質而言，將無可避免的需從「物」的屬性來理解。在漢人傳統的吉祥文化下，吉祥物構成極為龐大的文化體系，接下來除了參照相關研究成果所確立的分類模式，也將以傳承於台灣民間的吉祥物為考察對象，根據「物」本質的特性，為台灣民間的吉祥物進行物質分類。

（一）動物

動物是自古以來與人類共存於地球上最重要的生物之一，早從遠古時期起，人類透過捕捉動物為食，以獲得物質及維持生命。逐漸地，人們察覺到動物面對大自然具有的敏銳反應，及各種遠超乎於人的能力，進而將動物奉為崇拜與信仰對象。基於人類與動物間所形成的緊密依存關係，動物不僅被人們視為生存的重要依靠，同樣也是人類思維及情感的觸媒，從而將部份的動物轉化為文化脈絡下的吉祥物。所謂的動物類吉祥物，泛指透過動物原型或造型特徵所生成的吉祥物，以台灣民間生命禮俗中的動物類吉祥物為例，主要有：雞、鴨、魚、豬、羊等動物。

（二）植物

人類生活於大自然的環境之中，甚早便與植物建立起密切的關係。從史前時期仰賴採集花草果實，利用木料築巢與取火，到了糧食有效獲得確保的農耕時期，人們開始運用人工培植，解決取食溫飽的問題。植物與人類的生活息息相關，如同動物一般，植物不僅也是人類生存發展不可或缺的要素，更由於它與人構成的密切性，使得植物也成為文化中的重要載體。關於植物類型的吉祥物，特別是透過植物個別的外觀、構造、色澤等特徵所轉化的吉祥物，具代表的就有：芙蓉花、蓮蕉花、石榴、桂花、竹、稻穀、紅棗、花生、栗子、檳榔、芋頭、冬瓜、苧絲、蔥、蓮子、香蕉、茶葉、甘蔗、桃等種類。

（三）食物

「民以食為天」，飲食是人類維持生命最基本的需求，對於每個人而言，惟有定時飲食補充能量，才可讓身體維持正常的生理運作。民間一般所指的食物，單以食材的性質來言，大多數來自於動物與植物兩類。其中，除了採用單一屬性的食材料理製作，也可見綜合各種不同食材、調味料所加工，或是重新塑型的食物，因此，本書將食物類型獨立於動物、植物的吉祥物來討論。在台灣生命禮俗所出現的食物吉祥物，主要可見：甜茶、雞酒、油飯、麵線、壽桃、紅龜粿、米糕、口酥餅、包子、米香糖、禮餅、冰糖、黑糖、米荖、四果湯、雞蛋湯、湯圓等物。

（四）器物

若說動、植物類吉祥物是憑藉物質本身內外的性質特徵及吉祥觀交織共鳴下，被人們挑選並形塑而生的吉祥物。那麼器物型態的吉祥物，除了部份的器物原具有的實用功能，其他可視為人類為彰顯、實踐、表現其吉祥觀所創作的物件，是吉祥文化忠實的物化產物。器物是人類憑藉著心智、技能，依據物質生活與精神生活所需，加工創作而成的物質器具。運用於台灣生命禮俗中的器物型吉祥物，常見的有：肚裙、燈籠、生子裙、子孫桶、銅錢、衣帽、鎖片、木炭、炮燭、烏紗綢、火爐、扇子、紅筷子、銅鏡、瓦片、過山褲、鐵釘等物。

吉祥物的寓意方式

吉祥物的成形，除了透過物質本身內外特性的選擇，適當地運用象徵的寓意方式，將可讓「物」發揮更具體且有效的象徵作用，成為具備某觀念、意涵的象徵載體。在此我們可透過：直接賦予、延長引申、諧音、傳說附會、實用昇華、符號共六種的寓意方式，理解那些存在於你我現實生活周邊的各項物件，如何被轉換、物化、詮釋成為象徵吉祥文化載體的吉祥物。

（一）直接賦予

「直接賦予」形式，主要著重於事物本身的天然性質，將人所追求希望表達的概念直接崁入、物化到具體物件，藉此將日常的物件轉化為吉祥之物。因此，能夠透過「直接賦予」產生的吉祥物，多數取決於物件本身某外在造型或內在特質是否容易與吉祥意涵產生聯想，如此一來便容易透過直接賦予讓物件產生吉祥寓意。譬如在長壽吉祥觀念的賦予上，「龜」就是相當具代表性的例子。龜在動物界中以壽命長著稱，龜長壽這樣的普遍認知，成為直接賦予「龜」長壽吉祥象徵的基礎，而以「龜齡」來比喻長壽之人。又如常綠挺拔的「松」，在植物中也是以生命力強及樹齡高而受歡迎，長壽不老之木的形象，不僅經常與竹、梅、柏等樹木並列賦予吉祥、富貴等涵義，更直接被視為長壽的象徵，例如：「松柏長青」、「松菊延年」就是傳統民間運用松的特性來象徵長壽的吉祥話。

(二)延長引申

在所有自然產出或後天創造的事物中，其實並非所有物件的特徵，都能恰巧符合民間社會欲求象徵表現的吉祥心願。因此，人們除了藉由後天的創造來生產符合需求的器物，也會針對各項存在於生活中的事物，透過對事物本身的內外形象、內涵、特徵進行分析詮釋及引申，讓事物本身的天然屬性得以延長，並再擴大事物本身的象徵寓意，使之成為具吉祥象徵的吉祥物。譬如在生育禮俗中常見的石榴，石榴又名安石榴、天漿，屬於石榴科落葉小喬木，葉子呈橢圓形狀，在初夏時會開出火紅色的花朵。這個看似平常不過的植物果實，由於具高結果量的特徵，而被加以延長、引申到人們身上，構成「多子多孫」的象徵寓意。

（三）諧音

由於漢語具有聲調語的屬性，所以為諧音取意提供相當遼闊的運用空間，在漢語中，一個讀音可能產生幾種文字，能表現出多種不同的意義。因此，所謂的「諧音」模式，即是在同一讀音的不同語彙上，透過語言相互借用或轉換的做法，讓某些特定的象徵寓意得以產生。這種方式相當的通俗，幾乎人人都會使用，而且對接受者來說也相當易懂。在漢人吉祥物及吉祥圖案中，諧音算是最常被運用來傳達寓意的方式。例如在生育禮俗中所使用的蓮蕉花、桂花、紅棗、香菸等物件，便取諧音成為「連招」、「早生貴子」、「香煙」等寓意，這些事物由於名稱被賦予吉祥寓意，因而成為具祈子繁衍象徵的吉祥物。

(四)傳說附會

傳說神話是上古社會以來口耳相傳下的重要產物，內容多見描述超乎人類能力所及的神鬼之事。在傳說中包含人類的觀念與信仰，若將這些傳說附會於具體事物上，那怕是平時隨手可及的事物，也將成為具特殊寓意的象徵物、吉祥物。如常出現於吉祥話或吉祥圖案中的天官，「天官」是道教信仰中的一名神仙，司掌人間禍福之神。如此流傳於民間的天官信仰之說，日後再隨著歷代民間的傳頌，將天官更進一步形塑成吉祥、賜福的象徵。除此之外，福與財在民間也被視為相通的吉祥觀念，因此「天官」不止是人們心目中的福神，也是「財、子、壽」中的「財神」，這種吉祥神祇源由，皆可視為傳說附會寓意方式下的產物。

（五）實用昇華

「實用昇華」的寓意方式，一般常被運用於物質本身具明顯實用價值的事物，透過實用價值呈現的吉祥意涵為基礎，在這個基礎上再進行加工、強化，讓這項原本並未擁有任何象徵、意涵之物，能夠在物的原功能昇華下成為吉祥物。最常以實用昇華成為的吉祥物，往往是與你我日常生活息息相關的用具、食物。譬如生育禮俗中的「生子裙」、「生子桶」，這些實際用於生產過程的器具，就因器物本身與生育活動有直接接觸，所以人們透過實用昇華的模式，賦予了多子多孫、人丁興旺的吉祥寓意。此外，又如「甘草水」、「雞酒」、「米糕」等物，這些食品除了擁有很高的營養價值，像是「甘草」、「麻油」、「雞肉」等兼具有藥性及保健功能，讓這些物件再延伸出吉祥長壽的吉祥象徵。

雙喜圖

（六）符號

抽象意涵呈現的模式除了前述包括直接賦予、延長引申、諧音、傳說附會、實用昇華等五種傾向以實體物件為象徵載體的寓意，另一種形式是將抽象的思維概念及祈願內涵，藉由圖文符號的藝術手段加以呈現。「符號」是一種由線條、造形所構成的辨識性圖象，由符號所構成的吉祥物，絕大多數可謂文人藝術加工下的產物，像是：「壽」、「囍」等符號。「壽」字原本只是單純的文字，不過在經藝術加工創作之後，使得這個文字成為象徵長命百歲的符號，並進一

雙喜餅模圖

步再經藝術構思設計，以壽字為創作題材，創作出「百壽圖」的吉祥圖案。再者，由雙喜組合而成的「囍」字，是民間婚嫁禮俗最常見的一項文字符號，其實這項由雙喜構成的符號過去並不存在。傳說「囍」字之所以被創造而出，主要源自於宋代文豪王安石的一則事蹟，話說王安石在大喜洞房花燭夜時，正好又遇到金榜題名，面對雙喜臨門的喜事，便創造出「囍」一字來反映當時的情境，從此「囍」字成為了象徵喜慶的符號。

第二章

生育禮俗與吉祥物

傳宗接代、子孫繁衍為放諸四海皆準，人類延續生命共通的本能。對傳統漢人社會來說，生育以致生男的觀念，在父系社會重視家族綿延，以及養兒防老、多子盡孝等觀念的驅使下，更發展出一套獨特的生育禮俗。新生命的來臨，始於婦女懷胎，從祈子至懷孕期間，民間在傳統信仰觀的驅使下，往往將懷胎寄望於神靈庇祐。出生，新生命的開始，從誕生到滿週歲，由於早期醫療不發達，孩子雖順利出生，是否能平安養大，成為父母家人最艱鉅的任務。因此，在醫療與知識未開時期，惟有將寄託訴諸於信仰、禮俗具有的力量。滿週歲，意味嬰兒安然渡過生命中最脆弱的階段，此時多半會宴請親友，為新生命的未來獻上祝福。嬰兒在渡過週歲之後，身體與抵抗力也日趨增強，父母會將關注轉往人格的養成及教育修身上。這樣一直持續到十六歲，會為子女舉行成年禮，目的在於提醒年紀以達獨立自主階段，讓子女在往後的日子裡，能培養出足以面對未來各項挑戰的擔當與力量。

生命的孕育：祈子、懷孕

祈子

新生命的誕生來自男女的結合，兩性間正常的結合始於婚姻關係的建立，因此，當我們要了解生育禮俗，需追根究底的從婚嫁中的禮俗作法談起。傳統社會婚姻關係的締結，主要是為了傳宗接代，基於這項傳統社會視為的終極目的，造就出在整個婚禮過程中，出現不少與生育相關的物件及儀式。譬如在蘊含吉祥寓意的物件上，就出現：蓮蕉花、石榴、木炭、稻穀等物。至於動態呈現的儀式行為，則可見：安床、灑穀豆、灑草等作法。婚禮之後，若久婚不孕或急於求子，必須仰賴祈子的民間習俗及宗教儀式。其作法除了各地流傳於婚俗中的祈子習俗與相

註生娘娘

石榴圖

蓮蕉花

關吉祥物，一般在台灣民間最常見的祈子，便是前往寺廟向神明許願求子。傳統社會的觀念認為生死都是命中註定，一切都是命運所主宰，所以若要得子唯有求助於神。在台灣民間信仰中，司掌生育、婦女之神為註生娘娘，一般久婚未孕的婦女，皆會前往供奉註生娘娘的廟宇祈求早日懷胎。事實上，祈子除了求神及仰賴習俗儀式、吉祥物，譬如農曆八月中秋節的偷瓜送子、拴娃娃求子，以及透過陽具崇拜、性行為模仿等祈子俗信也廣泛流傳於過去的社會。又如鑽燈腳、乞龜、踏草青等流傳於台灣民間歲時的祈子習俗，但是相較之下，祈求生育神及搭配婚俗中的祈子儀式，應該是台灣民間最普遍而常見的作法。

懷孕

懷孕在傳統漢人認知中雖視為喜事，不過另一面反映的是家族可否延續這樣的大事，對孕婦而言，伴隨懷孕而來的不外乎是種種如胎教、產婦禁忌、巫術等習俗規範的束縛及限制。從懷孕的開始，首先第一要務是守護胎神，過去人們相信，胎神乃胎兒元神，故胎兒的生命將受胎神所支配。嬰兒誕生後，胎神也隨之降臨家中，也由於它與胎兒靈魂相通，在懷孕期間，對孕婦房內的大小東西都不可任意移動。在胎神觀念的存在下，民間為了讓胎兒順利生產，便賦與產婦禁入月內房、禁食喜喪事食物、禁看傀儡戲、禁夜間出門等禁忌。在客家習俗中，當孕婦懷孕達七個月左右，便舉行「催生」之俗。從催生直到生產前，每逢初三、十三、二十三日的逢三之日，因客語「三」與「生」諧音，故親友多選在此日送來「蛋」與「麵線」，加強催生並期待孕婦順利生產。

桌櫃

「桌櫃」原為一般實用性的家具，不過在禮俗中，因桌櫃的「櫃」與懷孕的「懷（kui7）」，在讀音上構成諧音，因此取其意祈求早生貴子。

象徵方式／諧音。性質／器物。

肚裙

「肚裙」內通常裝入十二樣不同的種子，藉由各種子蘊含的多籽、圓滿等象徵意涵，彰顯對傳宗接代、香火延綿的祈願。

象徵方式／延長引申。性質／器物。

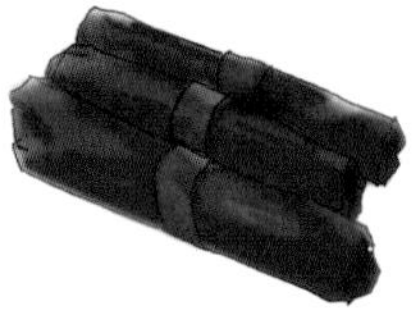

木炭

木炭的「炭」諧音為「湠」，帶有生長繁延之意，在生育禮俗中藉由木炭，取其多子多孫、家族香火綿延不絕之意。

象徵方式／諧音。性質／器物。

稻穀

「稻米」為漢人主要的食糧之一，人們將稻穀視為象徵繁延、生長的吉祥物。又因「穀」與「覆」構成諧音，民間深信準備稻穀就不怕日後懷孕時會「覆著（動著）」。

象徵方式／實用昇華、諧音。性質／植物。

芙蓉花

子

開白花的芙蓉花，在宗教儀式「栽花換斗」中，被視為男孩的象徵，同時也由於「芙蓉」兩字的讀音近似「夫榮」（夫榮妻貴），衍生有祈求生子富貴的吉祥意涵。

象徵方式／傳說附會、諧音。性質／植物。

蓮蕉花

子

廣泛被運用於生命禮俗中的「蓮蕉花」，因「蓮蕉」一稱與「連招」構成諧音，具「連招貴子」的象徵。另一說認為，「蓮蕉」兩字的讀音與男性生殖器的發音相近，因而取其意象徵多子多孫。

象徵方式／諧音。性質／植物。

紅　棗

子

「紅棗」屬於顆粒狀的果實類果子，由於「棗」字與「早」構成諧音，因此在生育禮俗中，被作為祝頌早生貴子的吉祥物。一方面又因棗樹結果量豐富，因此也可象徵多子多孫。

象徵方式／諧音。性質／植物。

花　生

子

「花生」取諧音「花搭著生」，意指男女搭著生，象徵男女雙全的意思。在傳統婚俗中，會將紅棗、花生、桂花、栗子等物灑在床鋪上，具祝福新婚夫妻「早生貴子」之意。

象徵方式／諧音。性質／食物。

桂花

財 子

「桂花」被民間視為祥瑞之花，加上「桂」與「貴」字互為諧音，讓桂花成為了象徵早生貴子及吉祥富貴的吉祥物。

象徵方式／諧音。性質／植物。

石榴

子

「石榴」多籽豐產的生長特徵，造就出石榴特有的吉祥意象。早在魏晉時期便出現「石榴祈子」之俗，因結實壘壘的外觀，讓石榴成為祈求多子多孫最重要的吉祥物。

象徵方式／延長引申。性質／植物。

栗子

子

「栗子」在讀音上與「立子」構成諧音，因而產生早生貴子的吉祥意涵。在傳統婚俗中，經常將栗子與紅棗擺在一塊，透過這兩件吉祥物的諧音，祈求能「早立子」。

象徵方式／諧音（吉語）。性質／植物。

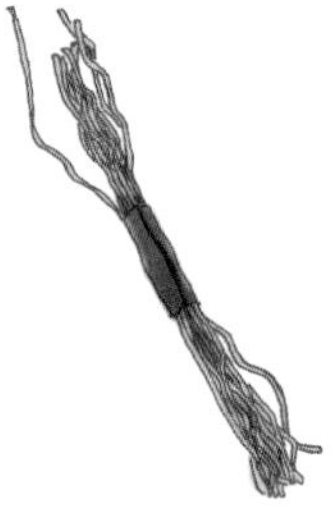

苧絲

子

「苧絲」為早期的接生婆在助產時，用來綁紮新生胎兒肚臍部份的生產用具，日後這項原本用於生產過程的實用品，被引申賦予了新義，成為祝頌生產繁殖的吉祥之物。

象徵方式／實用昇華、諧音。性質／器物。

福圓

「福圓」又稱「桂圓」、「龍眼」，是一種顆粒狀的水果，由於名稱與外觀呈渾圓狀，所以被賦予福氣圓滿之意。此外，在傳統禮俗中，若配合著「食福圓，生子生孫中狀元」等吉祥話，更衍生出祈求子孫功名成就的象徵寓意。

象徵方式／諧音（吉語）、延長引申。性質／植物。

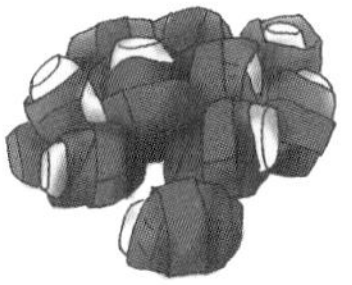

檳榔

「檳榔」為檳榔樹所結的顆粒狀果實，原被作為藥用植物，在民間有嚼食的習慣。因檳榔的結實數目豐富，所以在禮俗中，也將檳榔做為象徵多子多孫的吉祥物。

象徵方式／實用昇華、延長引申。性質／植物。

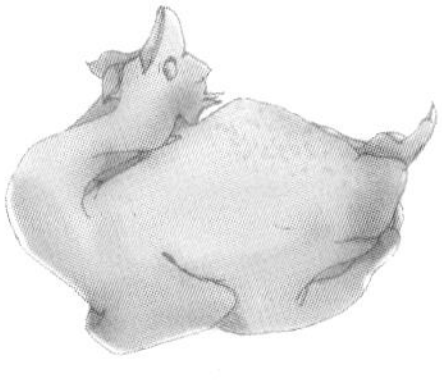

雞

「雞」諧音為「家」，俗話說吃雞起家，象徵著家運興隆，並能夠早日幫家裡增添人丁之意。此外，根據《本草綱目》的記載，雞肉有改善虛損積勞的功效，所以也被用於孕婦產後進補。

象徵方式／諧音、實用昇華。性質／食物。

冬瓜

「冬瓜」屬於藤蔓類植物的果實，由冬瓜所衍生的象徵寓意，出自瓜果本身的多籽，藤蔓綿延的特性，以及冬瓜特有的甘甜味。基於上述這些冬瓜的特徵，使冬瓜成為象徵多子、甜蜜美好的吉祥物。

象徵方式／延長引申。性質／植物。

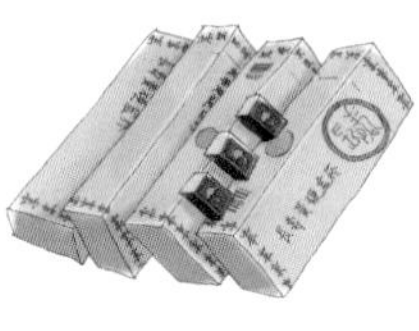

香菸

子

「香菸」與「香煙」一詞構成諧音，民間便於禮俗中，以香菸作為家族香火的象徵之物，並取意來祝福一家的香火傳遞如香煙點燃般的綿延不絕。

象徵方式／諧音。性質／器物。

芋頭

子

「芋頭」為芋的地下莖，具落地生根特性，如此具強盛繁殖能力的植物，造就出芋頭在民間被引申為具繁殖、家族繁延象徵的吉祥物。

象徵方式／延長引申。性質／植物。

青竹

子

連根帶葉具生機的青竹，可謂婚俗中重要不可或缺之物。由於竹可生筍，筍成熟後再成竹生筍，加上「筍」與「孫」正好構成諧音，具象徵子孫綿延不斷的吉祥意涵。

象徵方式／延長引申、諧音。性質／植物。

甜茶

子

「甜茶」散發的甘甜味覺上的特性，被民間引申為甜蜜吉祥之意。也因此在傳統婚俗中，便藉由飲甜茶搭配「甜茶喝礁礁（ta），給你明年生卵葩」這類的吉祥話，意味著對多子多孫的期盼與祝福。

象徵方式／延長引申、諧音（吉語）。性質／食物。

生子裙

子

「生子裙」是由黑布所縫製而成，在生產臨盆之際，是孕婦用來遮羞的衣物。由於生子裙在生產中具有的實用功能，故被民間加以引申為象徵生長、蔓延的吉祥物。

象徵方式／實用昇華。性質／器物。

子孫桶

財　子

所謂的「子孫桶」，實際上包括了腰桶、腳桶、尿桶三樣傳統婦女生活中必備的器物，這些器物搭配著「子孫桶舉高高，生子生孫中狀元」等吉祥話，產生對生育繁衍與功名成就的祈求祝福。

象徵方式／實用昇華、諧音（吉語）。性質／器物。

燈

子

「燈」與「丁」字互為諧音，造就出點燈蘊含的添丁之意。在傳統習俗中，婦女來回於燈下走動，據說有助於添丁早日生子，燈成為祈子、生育禮俗中重要的吉祥物。

象徵方式／諧音、性質／器物。

豬　肚

子

在傳統社會以形補形的飲食觀念下，人們認為吃肚可換肚，藉由吃豬肚並舉行栽花換斗的宗教儀式，換肚如願生男孩。同時，又因「肚」與「斗」的讀音類似，而斗為傳宗的禮器，進而形成子孫綿延不斷的吉祥寓意。

象徵方式／傳說附會、諧音。性質／食物。

生命的禮讚：生產、三朝、滿月、四月日

生產

生產又稱為分娩、臨盆、臨產，在古時並沒有所謂的婦產科，所以當產婦要生產時，便在自家中設置產房，產房在分娩前必須清掃乾淨，並禁止任何閒雜人等隨意出入。當產婦開始出現陣痛時，必須立即進入產房待產，脫下褲子換穿生育用的「生子裙」。以蹲或躺在產褥上，再靠著擺置於床邊的「生子椅」，然後由拾子婆、產婆在前面接生。嬰兒順利出生後，使用麻纖維製成的鈍鋏來剪斷臍帶，再用「苧絲」將肚臍帶綁住，在剪斷處塗上麻油使傷口自行凝固，並照例讓嬰兒飲下「甘草黃蓮水」。對剛出生的嬰兒不馬上以水清洗，僅以「麻油」塗身，包裹上父親或家人穿過的「舊衣」，希望沾染成年人的福氣以保祐嬰兒不受邪魔侵擾。到了產後第三天，開始為嬰兒洗澡，並換上準備好的新衣服。產後四、五天後，家長會將脫落的肚臍收藏起來，

至於臍帶則與胎衣一起處理。關於胎衣的處理方式，最早是將胞衣塞入現成的瓶中或空罐後棄置竹林，或沈入水池底部，較少有埋於床底下之舉。日後流傳於民間的處理方式，則是將胎衣置於放有石灰的容器中再深埋入土，以防止胎衣被破壞而影響嬰兒的生命安危。

產婦從生產到滿月這段期間，俗稱「做月內、坐月子」。此時，產婦並不需要從事任何勞動性的工作，終日靜臥於床上調養。而親友也會在坐月子期間，前往送禮以示祝賀，送來的禮物大部份是可供孕婦進補的食品，例如「雞肉」、「酒」、「豬肝」、「胡麻油炒雞肉」等食物。在這個月裡，不可以吃青菜類的食物，而要吃「硬飯」、「赤肉」、「麻油飯」等食物，歷經坐月子的調養，使產婦身體精力能盡快復原。

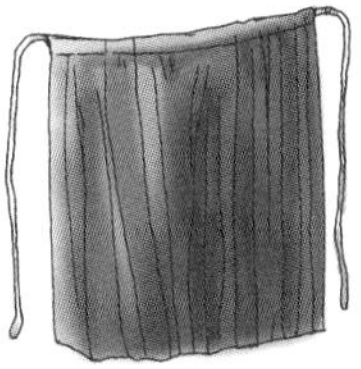
生子裙

生子椅

胎衣罐

三朝

嬰兒出生第三日稱為「三朝」，由拾子婆來到家中，以「桂花心」、「柑仔葉」、「龍眼葉」及「小石頭」所煮成的水（又稱香湯）來幫嬰兒洗澡。在洗澡的時候，家長會用石頭在嬰兒胸前輕扣三下，希望嬰兒長大後能有膽量，此儀式稱為「做膽」。嬰兒在洗身後換上新衣服，由祖母抱到正廳，以「牲禮」、「油飯」、「雞酒」來祭拜神明祖先，並為嬰兒取名。對於祭拜所使用的供品，各地流傳不同的作法規矩，根據戰前享有台灣文學少女美譽的黃鳳姿紀錄下的艋舺之俗，便出現供品中的雞，腳不可折到雞腹內，以祈求嬰兒的腳會長。此外，祭拜神明之後的倒酒，酒水也必須一次倒滿而非分三次倒酒，具有祈求嬰兒在小便時能夠一次尿完之說。在三朝當日，親戚朋友會帶著禮物前來祝賀，主人家則必須準備「油飯」、「米糕」作為回禮。此外，這天還要帶著油飯和雞酒到外家報喜，並燒香祭拜外家的祖先，稱為「報酒」。在報喜之後返家時，外家會在盤中放少量「白米」，上加「紅紙」、「小石頭」，希望嬰兒能頭腦堅固、好養育。

滿月

緊接在三朝之後的習俗是「剃胎髮」，剃胎髮的日子並不一定，有選在產後十二日、滿月，或是取二十四孝的二十四吉數，祈求孩童長大成人能孝順父母的二十四日，剃胎髮的人一般由親族長輩或理髮師擔任。在剃髮過程中，必須搭配著表達祝賀的話，例如在南投地區傳承著在剃完胎頭後，由家長取壁土在嬰兒的頭上比一比，口中並唸著：「抹壁上，不怕風、不怕雨，不驚厝邊頭尾大腹肚」，以此象徵袪除孩童日後可能遇到沖犯。剃髮之後的洗頭水，必須用煮過雞鴨蛋的水，並在裡頭再加入一塊「小石頭」、十二枚「銅錢」、「青蔥」和一顆「雞蛋」。然後將蔥搗碎後，加上蛋黃塗抹在嬰兒頭上，此舉具去胎垢的功效，也有祝頌嬰兒聰明之意。而雲林、台南一帶傳承著將蔥泥與蛋黃抹在嬰兒頭上，除可去垢，也象徵小孩將來有才氣、官運、事業發達之說。當嬰兒洗完後，家人會再用「鴨蛋」滾過身體，用「雞蛋」從臉上滾過，口唸著吉祥話祈求嬰兒將來身體強壯、面目清秀得人緣。隨後再由祖母或尊長抱到門外，一邊追著雞，用雞箠敲地，一邊對著空中喊鴟鴞（老鷹）並唱著：「鴟鴞、鴟鴞、飛上天，囝仔快做官，鴟鴞飛高高，囝仔中狀元，鴟鴞飛低低，囝仔快做爸。」等童謠，祈求嬰兒能早日長大結婚生子、功成名就。

虎頭童帽

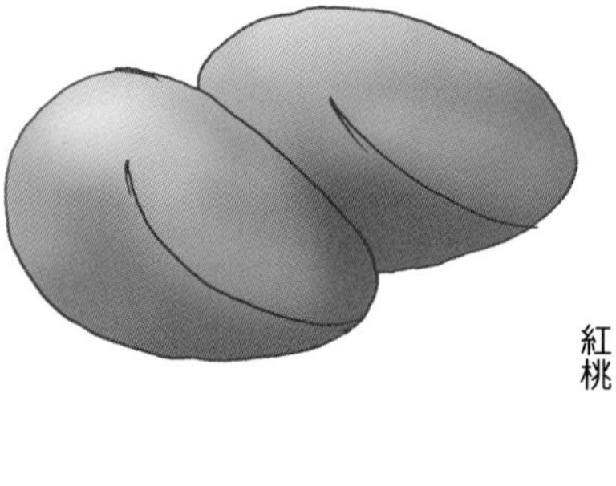
紅桃

嬰兒出生滿一個月要舉行「彌月禮」，這天需準備「牲禮」、「雞酒」、「油飯」來祭拜神明祖先，並將嬰兒的名字報告祖先以求庇祐。滿月當天，外家會送來俗稱「頭尾」，也就是嬰兒從頭到腳所有穿戴的衣物，象徵「有頭有尾」、「有始有終」之意，及「紅湯圓」、「紅龜粿」、「香蕉」、「紅蠟燭」等賀禮，而主人家需以「米糕」、「油飯」、「酥餅」等食物來做為回禮。在滿月這天，除了外家之外，親友也會致送「鎖片」、「戒指」、「項鍊」、「衣帽」等禮物，主人家同樣需準備「紅圓（滿月圓）」、「米糕（油飯）」招待親友賓客。像是新竹地區則在收到油飯後，必須在盛油飯的碗內放小量米、鴨蛋、黑豆、小石子，表示並祝賀嬰兒順利長大。

四月日

產後滿四個月，家人要為嬰兒做「四月日」，外家會送來與滿月相同的「頭尾」與「紅桃（四月桃）」、「酥餅」等賀禮。而主人家在這天，要準備牲禮、紅桃、酥餅來祭拜神明祖先，並在祭拜之後，將嬰兒放到「椅轎」裡，大家便圍著說：「坐轎車，做阿爸」來祝福他，意指坐上了椅子快長大做爸爸。之後主人家將宴請賓客並分贈「紅桃」，四月日當天所用的紅桃，主人家的採大紅色，外家送來的紅桃則選用桃紅色。此日，另一項重頭戲為「收涎」，收涎是為了讓嬰兒不再流口水，並祝福他早日長大成人的儀式。舉行收涎時，家長會將成串的「酥餅」掛在嬰兒身上，

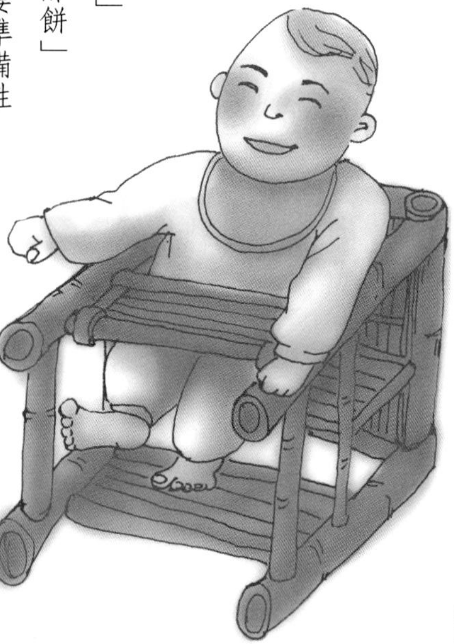

椅轎

酥餅的數量有十二、二十四、四十八等各種不同做法，以紅線或黑線串起。再由母親抱著嬰兒到親友家走動，讓親友取一塊酥餅在嬰兒嘴邊擦一下，口中一邊唸著「收涎收離離，明天招小弟」、「收涎收乾乾，明年生卵葩」或「收涎收離離，囡仔食百二」等吉祥話，祈求嬰兒從此口水不再溢流，能夠順利的長大成人。四月日當天也是嬰兒開始吃肉的日子，俗稱「開臊」，此時要請家中的長輩或好命人來為嬰兒說吉祥話，譬如：「食雞頭、較賢梳頭，吃雞頭、會善結髮，食蝦仔、較賢跳，吃了蝦仔、能善跑跳，食肉皮、較凸皮，吃了肉皮快長胖。」通過「開臊」習俗之後，嬰兒便可吃任何食物了。

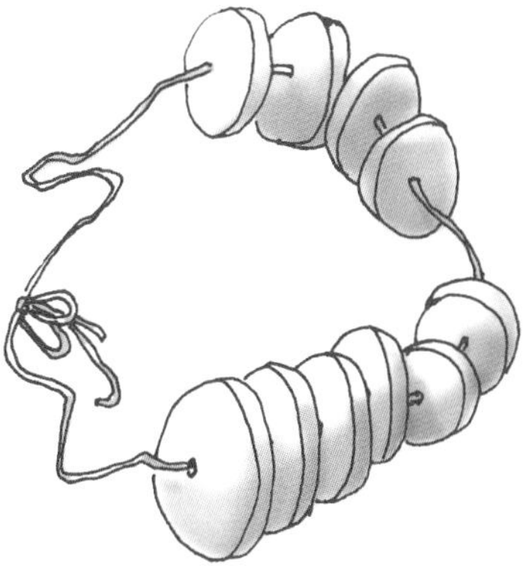

酥餅串

生子裙

子

「生子裙」是由黑布所縫製而成，在生產臨盆之際，是孕婦用來遮羞的衣物。生子裙在生產中具實用功能，故被民間加以引申為象徵生長、蔓延的吉祥物。

象徵方式／實用昇華。性質／器物。

子孫桶

子 財

子孫桶包括腰桶、腳桶、尿桶三樣，搭配「子孫桶舉高高，生子生孫中狀元」吉祥話，取其早生貴子與功名之意。

象徵方式／實用昇華、諧音（吉語）。性質／器物。

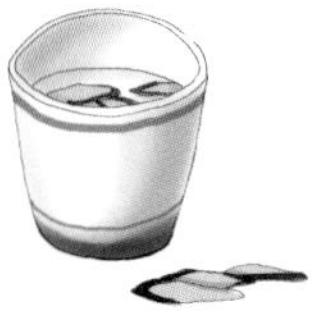

甘草水

壽

過去對剛出生的嬰兒並不馬上哺乳，而先以甘草水代之，據說甘草水有袪除胎毒的功效。《本草綱目》記載，甘草對於初生兒便秘，及呼吸道疾病等都有顯著的療效，此實用性日後昇華成祈求健康長壽的祈願。

象徵方式／諧音、性質／食物。

黃　連

壽

黃連與甘草水同樣用於新生兒的餵食，《本草綱目》指出黃連有解毒消熱的功能，對於小兒口疳、疳熱等疾病具療效。此外，在民間還流傳著嬰兒在出生時吃黃連，將來再吃苦也不會覺得苦，寓意有苦盡甘來之意。

象徵方式／實用昇華、延長引申。性質／植物。

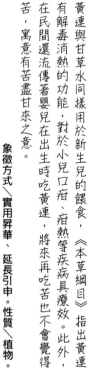

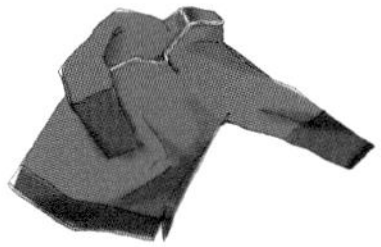

舊衣

壽

當嬰兒剛出生時，並不立即穿換上新衣服，而是先以父親或家人的舊衣服來包裹身體。直到三朝日，才為嬰兒換上新衣服，這是希望藉由這些人的福氣來保祐嬰兒不受邪魔侵擾能夠順利成長。

象徵方式╱實用昇華、傳說附會。性質╱器物。

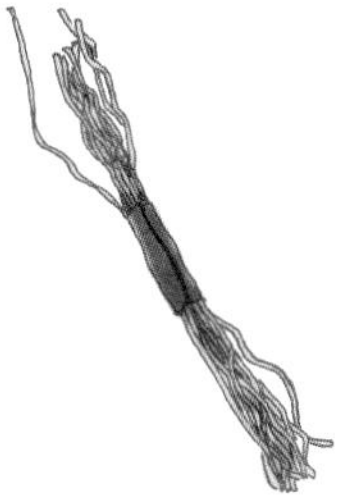

苧絲

子

「苧絲」為早期的接生婆在助產時，用來綁紮新生胎兒肚臍部份的生產用具，日後這項原用於生產的實用品，被引申賦予新義，成為祝頌生產繁殖的吉祥之物。

象徵方式╱實用昇華。性質╱器物。

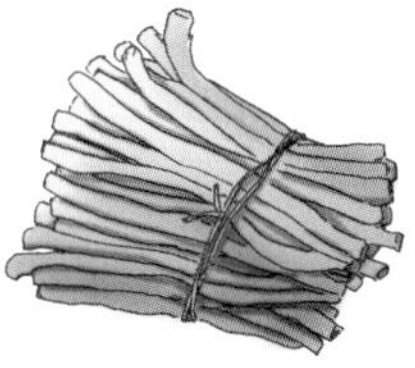

燈心草

子

「燈心草」使用於生產過程中，做為夾臍於下股間之物，這些被用於生產過程中的實用品，因與生產有直接接觸之故，所以容易構成生育象徵的寓意。

象徵方式╱實用昇華。性質╱植物。

柑仔葉

財　子

用浸泡過「柑仔葉」的水來幫嬰兒洗澡，有祈求嬰兒在長大成人後，能像柑仔那樣甘甜。同時將來在事業與家庭兩方面，也能像果樹一般繁茂，具有代代興旺、子孫滿堂之意。

象徵方式╱延長引申。性質╱植物。

龍眼葉

子 財

龍眼葉於生育禮俗中的功能與柑仔葉相同，都是用來做嬰兒的洗澡水。並透過龍眼甘甜的屬性，賦與嬰兒未來的人生像龍眼般的甜美圓滿。

象徵方式／延長引申。性質／植物。

桂花心

子 財

用浸泡過「桂花心」的水來幫嬰兒洗澡，主要取「桂」的諧音，以及桂花本身具有的吉祥意涵，祝福嬰兒的未來能夠富貴好福氣。

象徵方式／諧音。性質／植物。

桂圓茶

壽 財

滋補的桂圓茶供產後孕婦飲用，具改善虛煩不眠、調養身心的療效。「桂」字與「貴」互為諧音，「圓」象徵圓滿好福氣，加上桂圓茶甜味的特徵，讓桂圓茶具富貴吉祥、長壽強健的吉祥象徵。

象徵方式／實用昇華、諧音。性質／食物。

小石頭

子 壽

「小石頭」用來讓嬰兒「做膽」，祈求嬰兒長大成人能具膽量。此外也被用來象徵頭殼硬，身體強健之意。

象徵方式／延長引申。性質／器物。

銅錢

財

「銅錢」取其財氣，以祈求嬰兒長大成人後，能夠富貴圓滿、賺大錢之意。

象徵方式／直接賦予。性質／器物。

雞蛋

財

「雞蛋」用於滿月禮俗中，使用雞蛋在嬰兒臉上滾動，搭配著「雞蛋面、鴨蛋身、好親戚、來相成」等吉祥話，祝頌嬰兒能夠長得好，有個好姻緣。此外，蛋也具生殖的意象。

象徵方式／諧音（吉語）。性質／食物。

鴨蛋

財

「鴨蛋」與雞蛋同樣用於滿月禮俗中，將鴨蛋滾動於嬰兒身上，唸著「雞蛋面、鴨蛋身、好親戚、來相成」吉祥話，祝頌孩童未來能夠長得好，有個好姻緣。

象徵方式／諧音（吉語）。性質／食物。

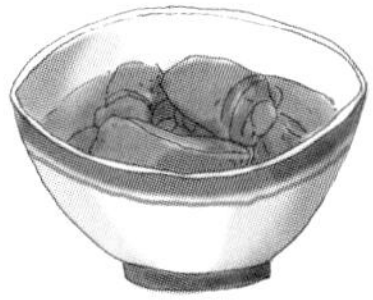

雞酒

壽

滋補營養的「雞酒」具調理產後體質、補充元氣恢復體力的功效，是孕婦在產後調理期間相當重要的食補。一方面，雞酒也具喜氣的象徵，故常被使用於祀神祭祖。

象徵方式／實用昇華。性質／食物。

油飯

壽

民間認為麻油對孕婦月內風等症狀具療效，所以將添加有麻油的油飯作為產後主要食物之一。此外，油飯也具喜氣的象徵，與雞酒一樣常被作為祭祀供品。

象徵方式／實用昇華。性質／食物。

麵線

壽

「麵線」外觀呈綿長雪白之狀，是民間吉慶活動中常見的供品、食品，其特質具祝頌生命如麵線般長壽綿長之意。

象徵方式／延長引申。性質／食物。

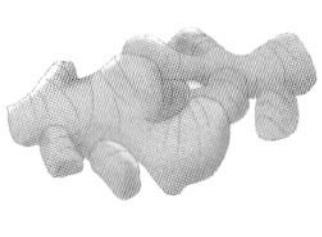

生薑

壽

「薑」在民間祭祀中被視為山珍，薑字也與強壯的「強」互為諧音，象徵孩童身體強壯、不病無災。

象徵方式／諧音。性質／植物。

牲禮

壽 子 財

「牲禮」是民間祭祀中相當重要的一道供品，在生育禮俗中所使用的牲禮大部份以全雞居多，雞的腳步不可內折入腹，祝頌孩童腳腿發達身體健壯。

象徵方式／延長引申、實用昇華。性質／食物。

蓮　子

子

「蓮子」為蓮蓬的顆粒狀果實，因蓮蓬結實多子的特性，加上蓮子與「連子」互為諧音，產生連生子的意涵，被作為多子多孫的吉祥象徵。

象徵方式／延長引申、諧音。性質／食物。

青　蔥

財

青蔥的「蔥」字，與聰明的「聰」互為諧音，具祝頌嬰兒聰明伶俐之意。同時在滿月所行的剃頭禮，將蔥搗碎塗於嬰兒頭上，具去除胎垢與促進頭髮濃密的實用功效。

象徵方式／諧音、實用昇華。性質／植物。

嬰兒衣帽

財　子　壽

嬰兒衣帽為外家在滿月時送來的賀禮之一，亦稱為「頭尾」。表示有頭有尾、長命百歲。此外，在衣帽圖案上通常會繡「福壽綿長、福祿壽」等吉祥語句，祝頌孩子平安順利長大。

象徵方式／實用昇華、符號。性質／器物。

鎖　片

壽

「鎖片」又稱「長命鎖」，是以金、銀、銅等金屬打造的鎖形配戴物，用來象徵性的鎖住嬰兒的本命，以祈求無禍無災的成長，是民間用來祝福嬰兒平安、長命健康的一種金屬飾品。

象徵方式／傳說附會、直接賦予、符號。性質／器物。

戒指、手鐲

壽 財

「戒指、手鐲」為家族親友逢嬰兒滿月時最常見的賀禮之一，戒指、手鐲上刻繪有吉祥文字圖案，具慶賀與祈求嬰兒吉祥如意、長命百歲之意。

象徵方式／延長引申、符號。性質／器物。

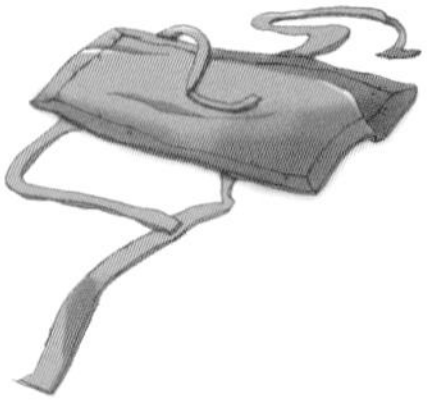

揹巾

子

「揹巾」一般長約丈八，其外觀長度並搭配著「丈八生不歇」的吉祥話，象徵家族的香火延綿不絕。

象徵方式／延長引申。性質／器物。

芋頭

子

芋頭屬芋的根部，具落地生根之意。一方面，由於芋頭的繁殖能力很強，所以也引申有象徵繁殖、家族繁衍之意。

象徵方式／延長引申。性質／植物。

紅圓

財

主人家在嬰兒滿月時，必須準備「紅圓」，也就是所謂的「滿月圓」分送到訪的親友賓客，紅圓具有喜氣圓滿的吉祥象徵，在傳統民間生活中，紅圓是充滿喜氣的吉祥食物。

象徵方式／直接賦予、實用昇華。性質／食物。

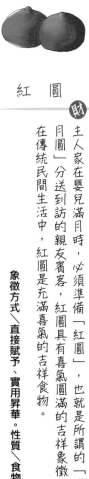

紅蛋 壽

「紅蛋」使用的時機與紅圓大致相同，蛋具有生殖繁衍的象徵，配合著紅色的外觀色澤，形成充滿喜氣長壽象徵的吉祥食物。

象徵方式／延長引申、直接賦予。性質／食物。

紅桃 壽

「紅桃」在生育禮俗中，主要使用於「做四月日」，故又名「四月桃」。桃型糕粿由糯米所製成，外型如桃狀，裡面包著紅豆餡、肉餡，透過壽桃形貌以傳達對於長命百歲的期盼。

象徵方式／傳說附會、直接賦予。性質／食物。

紅龜粿 壽

有長壽的象徵寓意。在生育禮俗的滿月、週歲等禮俗環節中，紅龜粿都扮演著重要的象徵性角色，傳達吉祥祝福。

象徵方式／直接賦予。性質／食物。

米糕 財

「米糕」是一種以糯米加糖或加鹽蒸煮而成的食物，由於米糕的「糕」字與「高」互為諧音，進而衍生為吉祥物。在生育禮俗中，除了被用來祀神祭祖，也被主人家作為回禮。

象徵方式／諧音、實用昇華。性質／食物。

香蕉

子

「香蕉」發音產生「緊招」的諧音，而有「趕快招子」之意，加上香蕉外型與男性生殖器相似，使得香蕉具有趕快再招子的意涵。

象徵方式／諧音、延長引申。性質／植物。

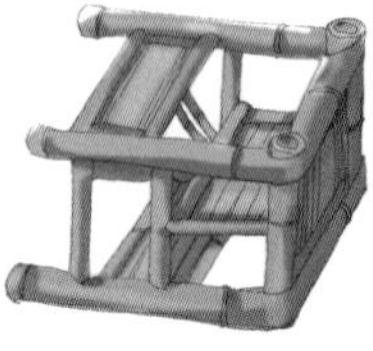

椅轎

子

「椅轎」為竹製的小椅，可供嬰兒乘坐，在生育禮俗中用於「做四月日」，嬰兒坐著椅轎，家人們唸「坐轎車，做阿爸」這句吉祥話，祝頌嬰兒坐上椅子之後，能趕快長大成人並傳宗接代。

象徵方式／實用昇華、諧音（吉語）。性質／器物。

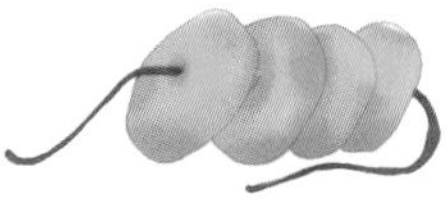

口酥餅

子

「口酥餅」用於收涎禮俗上，將口酥餅擦一下嬰兒的嘴，唸著「收涎收離離，明年招小弟」等吉祥話，祈求嬰兒順利成長，家族代代生生不息。

象徵方式／直接賦予、諧音（吉語）。性質／食物。

生命的成長：週歲、成長

週歲

嬰兒出生滿週歲又稱「度晬」，當天外家與家族親友會送來賀禮，主人家也需準備「牲禮」、「紅龜粿」、「雞酒」等供品來祭拜神明祖先，待拜完之後，再將紅龜粿分贈親友以分享家裡的喜悅。一般在週歲當日，家人為了測試嬰孩的未來發展，會根據各家條件的不同，選擇十二種或更多的物品來舉行「抓週」。抓週禮俗首先在地上鋪一塊「晬盤」，而嬰孩先坐一旁的小凳子，之後在晬盤內擺上「紅麵龜（度晬龜）」，

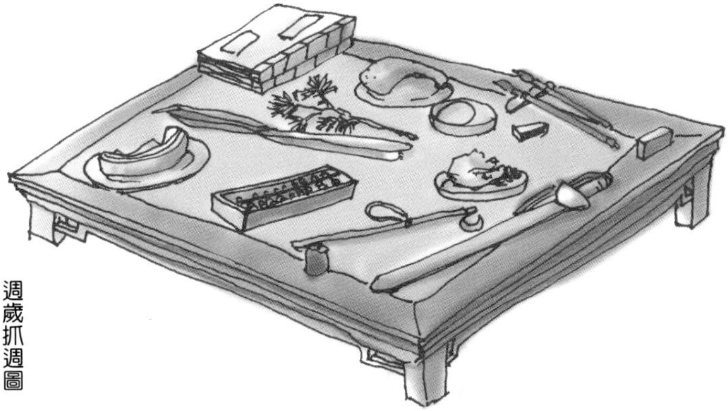

週歲抓週圖

讓嬰孩腳踩於上，象徵康健長大、長命百歲之意。然後將紅龜粿與小凳子撤去，在晬盤內放入十二或更多的物品，任由嬰孩從中抓取一物以判斷他或她的性向與未來，這種禮俗活動習俗稱做「抓週」或「試兒」。傳統民間供嬰孩抓取的物品大致有：「書」、「筆」、「墨」、「雞腿」、「豬肉」、「算盤」、「秤子」、「錢幣」、「柴楠」、「青蔥」、「田土」、「印章」、「刀劍」等物，待從中抓取一物後，家人即以此物的特徵來預測嬰孩未來的命運及前途。抓週之後，家中長輩會以「包子」來擦嬰兒的嘴，口中並唸「臭嘴去，香的來」。再將包子丟給狗吃，以祈求嬰孩的口氣變得芬芳，同時也會給嬰孩吃「米香糖」，希望將來能成為吃香的人。過完週歲之後，嬰孩才算正式獨立而邁入幼年階段，從今以後，每年的生日便省略如此繁複的禮俗程序。

成長

「掛絭」稱得上是孩童在十六歲成年前最重要的一項禮俗，傳統民間深信子女都是神明所賜，所以在滿十六歲進入成年階段之前，都將受到註生娘娘、七娘媽等孩童守護神的庇祐。因此，一般家庭在嬰兒滿週歲後，便會帶小孩到寺廟神明前祭拜並成為神明的契子，再將「鎖片」或「孔方錢」掛在孩童脖子上，象徵受到神明的護祐。以後每年到了神明誕辰日，家長便會帶著子女回到廟宇神明前祭拜，同時為絭換上新線，稱為「換絭」。如此的禮俗活動必須一直持續到孩童滿十六歲的成年，待十六歲之後，才算正式離開註生娘娘、七娘媽、床母等神的照顧，所以又稱為「出姐母宮」。十六歲又稱「成丁」，在傳統民間的觀念中，滿十六歲以後才算是正式的自立成年。因此，一般年滿十六歲的孩童們，都會選擇神明誕辰之日，在家長的陪同下前往廟宇拜謝神明的庇祐，並將絭脫下表示已經成年今後可以自立了。

此外，過去特別在台南地區還傳承著做十六歲的禮俗活動，每逢孩童滿十六歲那年的七月七日，親朋好友會送來賀禮，口中並唸著「做十六歲真恭喜，給你較賢大漢」等吉祥話。而主人家在此日也必須準備如「紅龜粿」、「牲禮」、「油飯」、「麵」、「水果」、「七娘媽亭」等供品，由家長帶領著孩童到神明前叩謝過去的庇祐。在燒過香之後，接著焚燒七娘媽亭，再將水果、紅龜粿等供品分送給親友。譬如主祀七娘媽的台南開隆宮，每年在七娘媽誕辰當日，可見眾多年滿十六歲的孩童在家長帶領下前來謝神，祭拜後除了一般謝神脫紮的程序，還可見獻「七娘媽亭」的習俗，由即將成年的孩童從亭下來回爬過三次，再將七娘媽亭給焚化象徵順利成年。

長命鎖

紅麵龜

壽

「紅麵龜」又稱為「紅龜」，與壽桃、紅龜粿同樣是民間節慶祭祀中常見的供品之一。其外觀呈橢圓形、大紅色，象徵長壽富貴之意，故常用於祝壽祭典，在週歲禮俗中稱為「度晬龜」。

象徵方式／直接賦予、實用昇華。性質／食物。

牲　禮

壽　子　財

「牲禮」是民間祭祀中相當重要且普遍的一道供品，在生育禮俗中所使用的牲禮大部份以全雞居多，雞的腳步不可內折入腹內，祝頌孩童腳腿發達身體健壯。

象徵方式／延長引申。性質／食物。

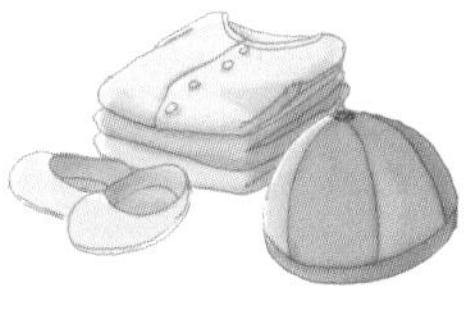

衣褲、鞋帽

壽　子　財

在孩童滿週歲時，外家會再送上「衣褲、鞋帽」等俗稱頭尾的賀禮。在這些衣物多會繡有如福壽綿長、福祿壽等的吉祥符號與圖案，傳達對孩童成長的祝福。

象徵方式／實用昇華、符號。性質／器物。

書

財

抓週禮俗所用準備的物件之一，嬰孩若抓起書籍，象徵未來將成為讀書人。

象徵方式／延長引申。性質／器物。

筆

財

毛筆作為嬰孩抓週之物，抓起毛筆的嬰孩，未來可望成為作家、書畫家、藝術家。

象徵方式／延長引申。性質／器物。

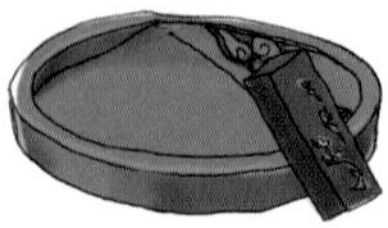

墨

財

墨與筆在抓週禮俗中具有的意義相似，象徵嬰孩未來將成為一位作家、書畫家、藝術家。

象徵方式／延長引申。性質／器物。

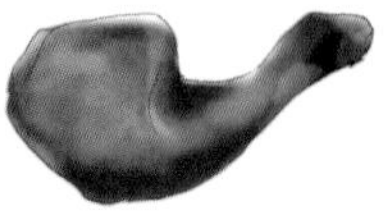

雞腿

財

雞腿作為抓週禮俗的物件，用來象徵孩童是能吃能喝有口福之人，一輩子過著不愁吃穿的生活。

象徵方式／延長引申。性質／食物。

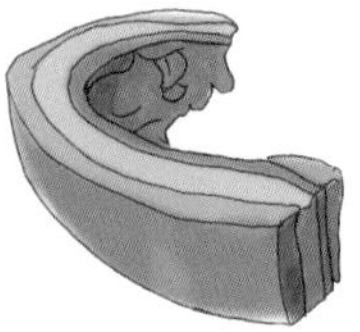

豬肉

財

抓週中抓取豬肉的意義與雞腿相同，代表孩童長大成人後，將成為能吃能喝有口福之人。

象徵方式／延長引申。性質／食物。

算　盤

財

算盤作為抓週禮俗所用準備的物件，象徵嬰孩未來適合經商，可望成為生意人。

象徵方式／延長引申。性質／器物。

秤　仔

財

秤仔與算盤象徵的意義相同，若孩童選擇秤仔，表示長大成人後將具備經商買賣的長才。

象徵方式／延長引申。性質／器物。

錢　幣

財

錢幣作為交易、通貨、保值的媒介，孩童在抓週禮俗中，若抓到錢幣代表未來將成為富豪。

象徵方式／延長引申。性質／器物。

柴　樠

財

柴樠就是松節，在抓週禮俗所作為嬰孩選擇的物件之一，因柴樠的發音與聰明近似，抓柴樠代表未來是位聰明之人。

象徵方式／諧音。性質／植物。

青蔥

財

青蔥與柴擮在抓週禮俗中所代表的意義相近，皆來自於諧音所賜，蔥讀起來像是聰，孩童若抓到青蔥，顯示長大將具有相當的聰明才智。

象徵方式／諧音。性質／植物。

田土

財

孩童若抓取田土，象徵未來將成為勤於耕作的農人，此外亦有將成為地主的解釋。

象徵方式／延長引申。性質／器物。

印章

財

印章作為抓週禮俗的物件，象徵掌有權力與身分象徵的官印，抓取印章的孩童象徵長大後將當官、行仕途。

象徵方式／延長引申。性質／器物。

刀劍

財

刀劍為傳統重要的武器之一，嬰孩抓取刀劍，顯示未來將成為一名保家衛國的武將、軍官。

象徵方式／延長引申。性質／器物。

包子 財

在抓週禮俗結束後，家人會用包子來擦嬰孩的嘴，口中並唸著「嘴臭去、香的來」，再將包子丟給狗吃，祝頌嬰孩以後能滿嘴芬芳。

象徵方式／諧音（吉語）、延長引申。性質／食物。

米香糖 財

米香糖的作用與包子相近，當嬰孩做度晬用包子擦完嘴，家人會拿「米香糖」給嬰童吃，象徵長大後將成為一位吃香受歡迎的人。

象徵方式／延長引申。性質／食物。

絭 壽

「絭」的形式相當多樣，如「鎖片」、「香火袋」等，皆可視為絭的一類，為嬰孩配戴的護身物。在滿十六歲前，家長將從神明那邊求來的絭掛在孩童脖子上，象徵神明隨時加護保祐，在成年之後，透過祭拜感謝神明庇祐後，再將絭取下。

象徵方式／傳說附會、直接賦予、符號。性質／器物。

第三章

嫁娶、壽慶禮俗與吉祥物

對傳統社會而言，婚姻不僅是男女一生中最重要的轉戾點，更是關係家族宗脈維繫的一種社會行為。如此的重要性，使得在各民族社會之中，對於婚姻締結形成一套隆重而繁複的禮儀行為，以幫助人們順利的適應及負擔新的責任與義務。關於傳統台灣漢人社會的婚禮，由於台灣早期社會形成背景之故，使得在習俗內涵上大致承襲中國閩南一帶的原鄉習俗。大體上，可將台灣傳統的婚俗儀禮分成「婚前禮」、「正婚禮」、「婚後禮」三階段。「婚前禮」為成婚之前為表現對婚姻締結之慎重所舉行的儀禮，主要是以古禮中所謂的六禮，也就是納采、問名、納吉、納徵、請期、迎親為基礎所構成的儀禮活動，還包括議婚、訂盟、完聘、請期等環節。至於「正婚禮」指迎親當日的一切禮俗，是婚嫁禮俗最核心的部份，最終的「婚後禮」，則是迎親後的「成妻」與「成婚」禮俗。

姻緣的約定：婚前禮

議婚

「議婚」又稱「提字仔」、「生庚」，相當於六禮中的「問名」。首先是男方認為某家小姐大致符合自己理想的擇偶條件，便請託媒人前往探聽女家的意思，男方同時也會開具八字年庚（俗稱婚仔），由媒人送至女方家，一方面，女方也須送八字生庚至男方。雙方均將「婚仔」供於正廳神明祖先之前，焚香向神明祖先問卜求吉凶，並以三天為期，此禮相當於六禮中的「納吉」。若在這三天之內全家平安無發生爭吵，也無不慎打破杯盤器皿，就被認為出於神佛的庇祐，乃是個吉兆，這門婚事即可繼續談下去。有些地方判斷吉凶的方式是將一碗清水供於神案旁，若這三天內無任何飛蚊蟲子掉入為吉，或者根據線香燃燒的高度為判斷依據，若燒得參差不齊則視為有長短，是凶兆之徵。接下來，雙方家庭將三代祖先之姓氏、籍貫、居鄉、職務等資料書寫成書帖，透過媒人的傳遞。再由雙方各自將對方的庚帖交給命理師推算吉凶，推算男女是否有相剋之處，同時也判斷雙方在家世背景上，是否達到門當戶對。若一切都十分順利，這門婚事可再繼續往下進行，並進入到談論聘禮、嫁妝與其他細節上。

定盟

當這門婚事大致談妥後，由男方首度送聘金至女方家，稱為「定盟」。「定盟」大致等同於現代婚禮中的訂婚，亦可稱為「文定」、「送定」、「小聘」、「攜定」。民間一般在「定盟」之後，若再經「完聘」之禮，即算是完成聘訂相關的禮俗。而目前民間普遍將「定盟」（小聘）與「完聘」（大聘）兩禮儀合而為一，稱之為「訂婚」，以節省繁俗所造成的耗費。當男方欲前往女方家「定盟」時，日子必須選定於偶數的吉日，由媒人陪同男方父母及親戚（主要為男方的姑媽、姨媽）

等人，攜帶包括「喜餅」、「聘金」、「婚書」、「金花簪」、「金鐲」、「戒指」、「豬」、「羊」、「喜酒」、「糕仔」、「紅綢」、「烏紗綢」、「蠟燭」、「鞭炮」、「禮香」、「耳飾」、「荖花」、「桂圓」、「蓮蕉花」等琳瑯滿目的聘禮一式前往女方家。待男方一行人抵達女方家，女方必須在大門口燃放鞭炮以示迎接。對於男方送來的聘禮及婚書等物，必須立即奉於神明祖先案前，並迎領男方賓客進到客廳來。此時受訂的準新娘必須先出來向賓客們請安，再分別為公婆等賓客奉上一杯「甜茶」。接著，由媒人一一介紹賓客，賓客們也藉此機會觀察準新娘的舉止、容貌、體態、舉止。待這杯幸福滿溢的甜茶喝完，準新娘將再度端出空茶盤收回茶杯，男方賓客必須以紅包作為回禮，將紅包放入茶盤，俗稱「壓茶甌」。

「壓茶甌」之後，男方父母若認為新娘條件大多符合，便可舉行「掛戒指」之禮。此時女方會在正廳中央擺好椅子及矮凳各一張，準新娘在媒人的攙扶下走出，面朝外而坐，雙腳則擺在「矮凳」上。接著由男家父母趨前來到新娘身旁，拿起新娘的手查看手相，若對於女方的手相感到滿意，就可將事先準備好繫有紅絲線的「金戒指」與「銅戒指」各一只，戴到準新娘的左手中指上，俗稱「掛戒指」。待「掛戒指」禮俗結束後，整個訂婚的禮俗儀式才算正式完成，接著女方須設宴款待男方賓客，並退回一部份的聘禮。男方在接受女方的款待後，會將準備的等值金額紅包放於桌上，稱為「壓桌」。一方面，女方對於男方送來的聘禮，必須部份退還，不過像是：豬腳、羊頭、羊腳、羊尾等物，女方則須全數送還，象徵女方只吃男方的肉，不啃其骨頭。

壓茶甌

掛戒指

還有像喜餅也必須退回部份給男方家致贈親友之用，而對於桂圓女方只偷偷藏兩粒，表示防止未來的女婿在婚後不會兩眼亂看而風流，其餘退還男方。最後在男方打道回府前，女方還需準備「男衣料」、「帽」、「皮鞋」、「皮包」、「領帶」、「苧絲」、「木炭」、「棉條」、「芋頭」、「蓮蕉花」、「糖塔」、「狀元糕」等十二件作為回禮。完成「訂盟」之後，男方一行帶著十二件回禮與部份退還的聘禮返家，將女方的婚書呈於神明祖先案前；而女家則將男家送來的「喜餅」分贈親朋好友，對於接受喜餅的親友，在結婚時也必須送禮以示祝賀，稱為「添妝」。

聘金

喜餅

完聘

「完聘」又稱「大定」、「大聘」，舉行這項禮俗表示男方將完成全數聘金的餽贈。在進行完聘之禮時，男方除了須準備聘金，也需備妥其他附贈的聘禮，即所謂的「扛盛」之禮，亦稱為「辦盤」。「扛盛」指在婚俗喜慶中，由兩個人扛著吊臺，上面裝載著各式各樣的禮品，以紅紙或紅布覆蓋，並貼上「囍」字圖樣。通常完聘禮舉行日期在事前會委託擇日師擇定，再透過媒人轉告女方。「完聘」當日，男方組成一支迎親隊伍，在媒人陪同下，帶著聘金、聘禮前往女方家。傳統的迎親行列順序如下：吹班（鼓吹樂隊）、禮帖（所送聘禮的目錄與儀式程序表）、婚書（結婚證書，男方送女方稱為「乾書」，女方送男方稱「坤書」）、聘金、大餅（喜餅）、荖花、冰糖、冬瓜、柿粿、桔餅、麵線、豬肉、羊肉、福圓、糖仔路（用砂糖所做鴛鴦卍字形或八角形糖果）、閹雞兩隻、鴨母兩隻、大燭一對、禮香、盤頭裘裙（衣服、首飾、戒指、手環）等物。前述的聘禮皆裝在吊臺上，一行人在鼓吹樂隊的引領開道下前往女方家。

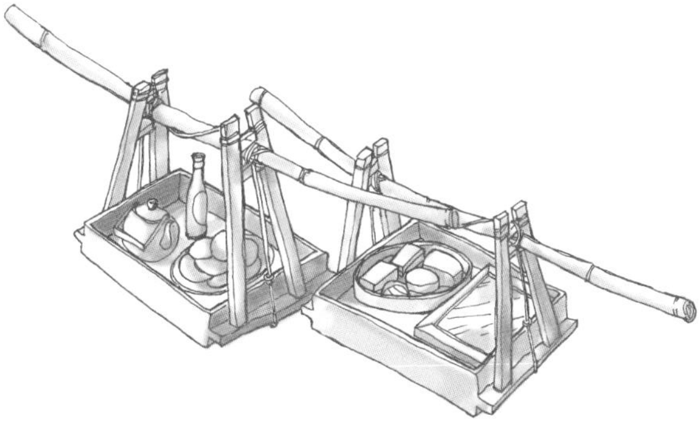

傳統的扛盛

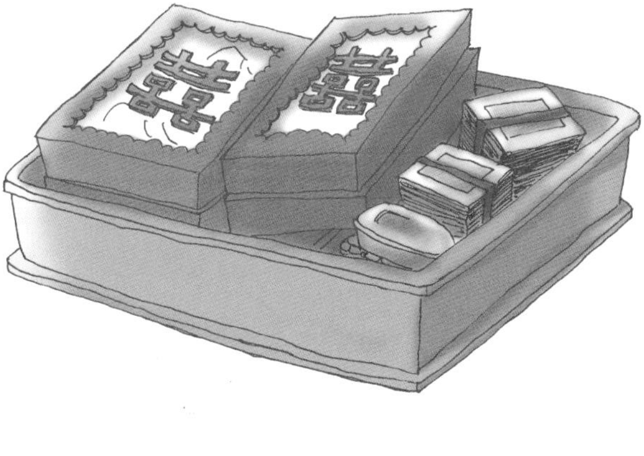

婚俗中的賀禮

待男方送聘隊伍進入女方家廳堂坐定後，隨即由媒人向女方主婚人呈送禮帖婚書，並將聘金禮物一一交女方點收。接下來，女方將男方所送的聘禮置於神案上，焚香點燭向神明祖先報告。再請準新娘上廳坐於案前，由地方富壽雙全的婦人為其插花於頭上，稱為「插針」之禮，最後配合鳴放鞭炮象徵「完聘」之禮圓滿落幕。當「完聘」禮俗順利結束後，女方需再設宴招待男方家族、媒人及全體賓客，並將女方的婚書「坤書」，及聘禮中的「福圓」、「閹雞」、「鴨母」等物奉還給男方。另外，女方家在接受男方送來的聘禮後，也將依照禮數回贈男方禮品，包括：「文房四寶」、「新郎禮服」、「衣帽鞋襪」、「喜餅」、「石榴花」、「蓮蕉花」、「木炭」、「黑糖」、「粟」、「芋頭」、「桔餅」、「竹心」，以及贈送給男方父母的賀禮數件。

請期

歷經過大、小聘之後，男方將女方婚書所記載的八字，交給擇日師來選定成婚大喜的良辰吉日，再由男方派人至女方家通知結婚日期，這樣的禮俗稱為「請期」，一般民間又稱為「送日頭」。「請期」的過程，大都由媒人一手包辦，當擇日師選定好良辰吉日之後，男方將迎娶日期時辰書寫於請期禮書（日頭單）上，請託媒人帶著書寫有日期時辰的「禮帖」、「禮燭」、「禮炮」、「豬腳」等物前往女方家。女方此時須準備筵席招待媒人，並書寫一封「答禮書」及準備一些禮物回贈男方。

民間傳承的傳統婚俗中，當婚期決定後，男女雙方都開始忙於婚事之準備，譬如：剃頭、挽面、裁衣、辦嫁妝、上頭戴髻等環節，需在迎娶前完成。

（一）剃頭

男人於迎娶前夕，大多會請理髮師來到家中廳堂理髮，並在理髮前，由男方尊長帶領準新郎燒香報告神明祖先，以示慎重。

（二）挽面

女子在結婚之前，必須請福壽雙全的婦人以白紗線為其挽面，在進行挽面時，也須由女方尊長帶領準新娘向廳堂供奉的神明祖先上香。

（三）裁衣

在婚禮的前幾天，男女雙方會擇同一吉時，請福壽雙全的婦人來到家中神案前，為準新郎或準新娘裁製「白布內衣褲」，以及女方結婚時所需的肚裙。此白布裁製成的內衣褲只供結婚當天穿一次，之後妥善保存到往生時，再穿於身上，傳統民間深信遵守此俗，才能順利到達另一個世界拜見先祖。此外，這套為結婚準備的白色內衣褲在縫製完成後，也必須在內衣領與褲頭上，利用鉛錢與紅絲線共同繡出「卍」字的重疊圖樣，象徵夫妻間有緣分，這段姻緣能長長久久。

（四）辦嫁妝

所謂嫁妝就是所有陪嫁的器物，女方親友為祝賀新婚，都會贈與各項禮物。而女方家也會為嫁女兒準備陪嫁品，傳統民間常見的嫁妝包含「傢俱」、「桌櫃」、「金銀首飾」、「生活用品」等。

（五）上頭戴髻

男女方在完婚前，各自挑選一個良辰吉日在家中舉行這項禮俗。男方家在廳堂中央放上一個「米斗」，讓準新郎坐在上面朝向神明祖先案前，再由福壽雙全的長輩從準新郎後面為他梳三次頭，讓他穿戴成人的「禮服」、「禮帽」，並上香祭拜玉皇大帝、三官大帝、觀音佛祖等眾神與祖先。至於女方也採取相同的儀禮做法，舉行「上頭戴髻」之禮。女方在同一時間於廳堂中央，不過女方的加冠禮，還必須在廳堂中央的天公爐下方，放上一把扁平圓形的「竹簍」，再讓準新娘坐在椅子上朝外，由福壽雙全的長輩為她梳理頭髮，並插上象徵女子成年的髮簪。在梳髮插簪儀式結束後，準新娘也須盛裝戴冠來祭拜玉皇大帝、三官大帝、觀音佛祖等眾神，才算完成婚前的成年之儀。禮成後，需向父母各敬一杯茶，同時再度上香祭拜玉皇大帝等諸神。

在這些禮俗順利完成後，準新娘需立即回房靜候迎親的到來，男方則須依擇日師選定的時辰進行「安床」。在「安床」舉行之前，男方會事先將購買的新床鋪安放到新娘房中，同時也會添購一些新傢俱來佈置，並在新娘房門楣與四周牆壁，掛上「八仙綵」與「紅綢」以呈現喜氣。「安床」儀式的進行，除了會祭拜床母，大致會請一位「肖龍的孩童」在床上翻滾幾遍。由於龍是漢人傳統的吉祥動物，民間深信讓肖龍的孩童入床鋪翻滾，可帶來象徵龍鳳呈祥的貴氣。當孩童翻滾的同時，一旁的好命人還會念著：「翻過來，生秀才，翻過去，生進士」的吉祥話，以祈求百年好合、早生貴子。安床之後，新郎就不能獨自睡這張床，必須請位肖龍的男孩陪準新郎睡，稱為「壓床」，以此具有象徵新人能早日得子，及從此不會獨自睡空床之意。

在迎娶的前一天，男方會準備「喜酒」、「豬腿」、「羊腿」、「閹雞」、「麵線」、「福圓」、「冬瓜」、「紅龜粿」、「香燭炮」等賀禮送到女方家，此俗稱為「轎前盤」，為酬謝女方父母對新娘的養育之恩。女方對於送來的賀禮，除了會收取一部份之外，會以「蓮蕉花」、「芋頭」、「鉛塊」、「木炭」、「棉」、「苧」、「大麥」、「粟」、「麻」、「三色豆」等十二樣物品作為回禮。另外，有些地區在迎娶前夕還會舉行「拜天公」儀式，「拜天公」的主要目的在於謝神。需準備：「豬羊雞」、「發粿」、「紅龜粿」、「粽子」、「糖塔」等供品，全家燃香燭朝天祭拜，以感謝玉皇大帝與諸神的庇祐。

聘　金

財

「聘金」通常先由男女雙方約定，可分成大聘、小聘兩種，通常女方只收小聘，至於大聘一般只取其象徵而已。

象徵方式／實用昇華。性質／器物。

金炮燭

財

「鞭炮」與「蠟燭」為民間禮俗祭典中必備之物，鞭炮的使用源自上古燃竹驅鬼之俗，其發出的聲響除可辟邪，亦可增添熱鬧氣氛。紅燭光象徵光明喜氣，兩者在婚禮中皆不可或缺。

象徵方式／延長引申、實用昇華。性質／器物。

金　飾

財

「金飾」配件包括金花、耳環、手環、項鍊等金飾品，金是珍貴的礦物，具吉祥富貴之意涵。男方將金飾送給新娘當作見面禮，象徵著富貴美好之意。

象徵方式／直接賦予、符號。性質／器物。

豬

財

「豬肉」為民間禮俗祭典中經常出現的供品，在物資缺乏的年代裡，豬肉被視為高貴營養的食物。殺豬公或以豬肉為供品，象徵對祀神祭祖虔誠的敬意。

象徵方式／實用昇華／食物。

羊

財

古代「羊」與「祥」的讀音相同，故在婚嫁禮俗中以羊肉為供品，具有祈求吉祥與喜慶之意。

象徵方式／實用昇華、諧音。性質／食物。

禮餅

財

「禮餅」又稱喜餅，為婚俗中用來餽贈親友傳達喜訊的糕餅。現代的禮餅樣式十分多樣，包括傳統漢式大餅、西式糕餅點心等。一般都由男方送給女方，再由女方分贈喜餅，藉此來告知親友喜事將近。

象徵方式／直接賦予。性質／食物。

戒指

財

「戒指」包括金、銅兩只，以紅絲線繫結而起，金在上、銅在下，以「銅」與「同」形成的諧音，象徵夫婦同心、同體之意。

象徵方式／諧音、直接賦予。性質／器物。

紅綢

財

「紅綢」長寬約二尺四，上繡生庚兩字，即為「庚帖」。同時上置放聘金、首飾等物，大紅色彩充滿喜氣。

象徵方式／直接賦予。性質／器物。

烏沙綢

財

長寬約七尺，烏綢布的色調，在古時被視為吉祥象徵，與近來採紅色為吉祥色彩的理由相同，是婚俗中吉祥象徵之物。

象徵方式／直接賦予。性質／器物。

蓮蕉花

子

「蓮蕉花」又稱「連招花」，民間將蓮蕉花視為吉祥象徵之因，一說源自「蓮蕉」兩字的諧音「連招」，具有「連招貴子」之意。另一說認為，「蓮蕉」兩字的讀音與男性生殖器相似，故取其意象徵多子多孫。

象徵方式／諧音。性質／植物。

石　榴

子

「石榴」的果實呈現多籽飽滿的特徵，中國史上早在魏晉時期便有「石榴祈子」之俗。由於石榴結實量多，故被視為具有多子多孫象徵意義的吉祥物。

象徵方式／延長引申。性質／植物。

茶　葉

子

茶樹本身的生長習性，具不可移植的特質，因此民間在婚俗中，取「茶不移本，植必子生」的特質，象徵締結姻緣的堅定。同時也藉著茶樹繁茂的生長情形，與植必生子的適應特質，祝福夫妻在婚後可早日生子。

象徵方式／延長引申。性質／植物。

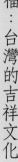

香菸

子

「香菸」兩字與「香煙」一詞互為諧音，民間便透過香菸來象徵家族的香火，同時取意來祝福家族香火的傳衍，有如煙一般延綿不斷。

象徵方式／諧音。性質／器物。

花生

子

花生是一種顆粒狀的果子，其讀音取其諧音為「花搭著生」，也就是象徵男女搭著生，具有祝福男女雙全、子孫滿堂之意。

象徵方式／諧音（吉語）。性質／植物。

冰糖

財

外觀如冰塊般的水晶「砂糖」，是極具甜味的調味品，用於婚俗中象徵甜蜜美好的吉祥意涵。

象徵方式／實用昇華。性質／食物。

冬瓜

財 子

「冬瓜」為藤蔓類植物的果實，具有的象徵寓意，源於瓜果類植物多籽，以及藤蔓綿延的特性。此外，香氣甜味濃厚的冬瓜，更加深冬瓜的多子、甜蜜象徵。

象徵方式／實用昇華。性質／食物。

檳榔

子

檳榔樹屬為棕櫚科常綠喬木，結實累累的檳榔，在婚俗中被用來比喻多子多孫之意，亦可象徵女婿將來「透腳青」，年輕有活力。

象徵方式／延長引申、實用昇華。性質／植物。

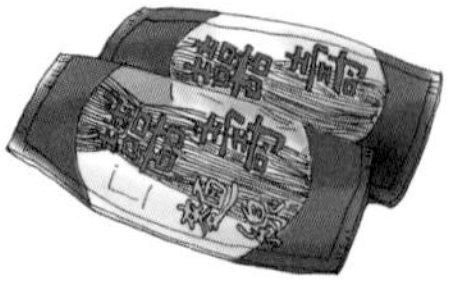

麵線

壽

以麵粉製作而成的粉白細條狀的麵線，為台灣常見的麵食之一。婚俗中以麵線細長的外觀特徵，比喻夫妻感情如麵線般綿長，同時也有祝頌長命百歲之意。

象徵方式／延長引申。性質／食物。

福圓

財 子

「福圓」又稱為「桂圓」，其渾圓的外觀與甘甜的果肉特徵，在民間被賦予福氣圓滿的意涵。在婚俗中更將福圓比喻為新郎的眼睛，所以若以福圓為聘禮，須要如數歸還男方。

象徵方式／諧音、延長引申。性質／植物。

糖仔路

財

「糖仔路」為各式甜食糕餅的俗稱，可包括鴛鴦糖、八角糖、萬字糖等種類，具甜蜜、吉祥之意。搭配「吃甜甜，給你明年生後生」吉祥話，象徵早生貴子。

象徵方式／直接賦予、諧音（吉語）。性質／食物。

雞　肉

子 財

雞肉的「雞」與「家」互成諧音，俗語說吃雞起家，象徵家運興隆，並能夠早日幫家裡增添人丁之意。

象徵方式／實用昇華、諧音（吉語）。性質／食物。

棉　條

壽

「棉條」的外觀呈雪白色，在傳統婚俗中，以棉條做為回贈男方之禮，具有象徵夫妻白頭偕老的吉祥意涵。

象徵方式／延長引申。性質／器物。

衣裙帽

壽 子 財

傳統婚俗中男女方各自以「衣裙帽」作為互贈之禮，內容包括所有的衣物配件。這些衣物多採紅色散發喜氣，做為錦衣玉食之象徵。

象徵方式／實用昇華、符號。性質／器物。

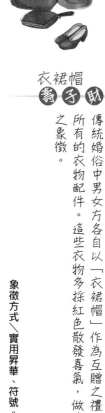

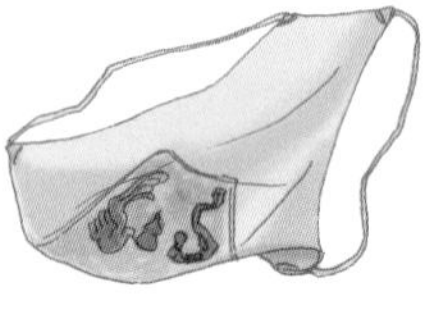

白內衣褲

壽 子 財

在婚俗的「裁衣」行事中，男女方各自擇日請福壽雙全的婦人，來為新人縫製婚禮當日穿著的白內衣褲及其他衣物。特別是在這些衣物上還會縫製鉛錢等吉祥物或圖案，作為錦衣玉食及吉祥的象徵。

象徵方式／實用昇華、符號。性質／器物。

甜茶

子

傳統民間將甜味視為甜蜜吉祥的象徵，故在婚俗中，也就透過甜茶搭配「甜茶喝礁礁，給你明天生卵葩」這類的吉祥話，討吉利並表現對多子多孫的期盼。

象徵方式／實用昇華、諧音（吉語）。性質／食物。

木炭

子

木炭為引火燃燒的燃料，因「炭」與「湠」互為諧音，具有繁延之義。婚俗中藉由木炭來象徵子孫繁衍、家族香火綿延不絕之意。

象徵方式／延長引申、諧音。性質／器物。

苧絲

子

「苧絲」在過去被用於產後的斷臍，是綁紮肚臍重要的細繩。這種在生育過程中必備的用具，實用性經常被人們加以昇華，形成具多子多孫象徵的吉祥物。

象徵方式／實用昇華。性質／器物。

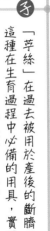

黑糖

財

色澤呈現紅褐色、味道甘甜的黑糖，是民間喜慶節日中廣泛被使用的調味料。紅褐色與甜味具吉祥意象，再加上黑糖易與食物融合，進而衍生有融入美好吉祥的象徵。

象徵方式／實用昇華、延長引申／食物。

豆子

壽

豆類具旺盛的繁殖力，同時配合「食豆夫妻活到老老老」的吉祥話，用於婚俗中祝頌夫妻能子孫滿堂、白頭偕老、長命百歲之意。

象徵方式／實用昇華、諧音（吉語）。性質／植物。

芋頭

子

婚俗中所用的芋頭與生育禮俗的芋頭在象徵寓意上雷同，同樣藉由芋頭繁殖能力強的特性，象徵新家庭能夠子孫繁衍興盛。

象徵方式／延長引申。性質／植物。

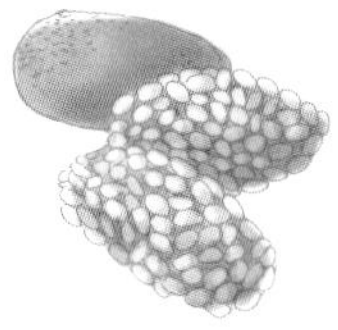

米荖

財

「米荖」為傳統的米菓糕點，以芋頭粉、糯米粉、麥芽糖、芝麻等材料所製成，為民間喜慶活動常用的點心，其甜味與外型被視為祝福圓滿甜蜜的象徵。

象徵方式／實用昇華、延長引申／食物。

竹心

財

「竹心」指是青竹尖端長出的嫩芽，因竹心的讀音與「得心」相近，傳統婚俗中便採用竹心，取意夫妻兩方互得其心之意。

象徵方式／諧音。性質／植物。

栗子

子

「栗子」為食用性的堅果，外觀呈顆粒狀，因栗子讀音與「立子」互為諧音，因此產生求子的象徵寓意。婚俗中常將栗子與紅棗並列，具有祝福夫妻早立子之意。

象徵方式／諧音。性質／植物。

姻緣的締結：正婚禮

對於過程繁複的傳統婚嫁禮俗而言，「親迎」才算是整個禮俗真正的重頭戲，所謂的「親迎」也就是迎娶新娘之意。傳統在迎娶當日早晨，新郎必須在沐浴潔淨後，穿戴上結婚禮服、禮帽，並在父親的引領下，行四跪四叩大禮來敬拜祖先，之後才正式展開「親迎」儀禮。大喜之日，男女雙方家中皆張燈結綵，待吉時一到，新郎在媒人與儐相六或八人的陪同下，率領著鼓吹樂隊、親友們隨轎而行，浩浩蕩蕩地前往女方家。在新郎尚未抵達前，新娘必須盛妝打扮做好準備，穿換上結婚禮服「白布內衣褲」及「肚裙」，衣物內裝入「鉛錢」、「烏糖」、「五穀」等十二樣具吉祥意涵之物，最後再穿上男方送給新娘的結婚新裝。待新娘換裝準備完畢，女方全家上下同桌共食，稱為「食姊妹桌」。傳統民間深信新娘用完這餐，在往後的日子裡可免於挨餓，是女方婚前惜別的筵席。女方家待男方迎娶隊伍一到，立即燃炮相迎，男方一行則先送上「轎頭圓」、「豬腳」、「雞」。而女方乃派遣一名男童，手捧盛著「柑桔」的托盤，恭請新郎倌下轎，新郎則象徵性的拿起柑桔，並贈送紅包給男童。此時女方會準備「蜜茶」、「四果湯」（冬瓜、棗子、柿餅、蓮子）、「豬腰湯」、「雞蛋湯」來招待新郎及迎娶人員，稱為「吃旬湯」。「雞蛋湯」是由熟雞蛋加入糖水所調製，通常新郎在吃雞蛋湯時，只會喝幾口甜湯，象徵性的用筷子攪動，吃一顆或將雞蛋夾成兩半。

傳統迎娶工具—轎子

現代的迎娶工具—轎車

接著，新郎在女方親友的帶領下，進入女方家廳堂拜見女方的神明祖先與岳父母，新娘則被母親蓋上可避免在迎娶過程中，看到喜事或凶事而造成「喜沖喜」或「凶沖喜」的「紅巾」，再被引領出房與新郎見面。在祭拜神明祖先及拜別父母之後，由福壽雙全的婦人牽著上轎，吉時一到，新娘轎子步出家門。女方家隨即燃放鞭炮，並潑灑一盆水到地上，表示嫁出去的女兒如水般永不收回，而新娘會在轎中哭幾聲，再丟出一把「扇子」或「筷子」。當迎娶隊伍即將啟程，女方家會派人抬著一枝掛有「豬肉」的「連根帶葉青竹」，以取其辟邪及象徵新娘貞節之意。這種習俗也常見以「甘蔗」來代替，象徵甜甜蜜蜜、有頭有尾。而在新娘轎後方，還需要掛上「八卦米篩」，以取其辟邪之意，在隊伍中還有人挑著「子孫桶」，藉此祝頌這對新人能早生貴子。迎娶隊伍在一路爆竹鑼鼓聲的陪襯下，顯得喜氣洋溢熱鬧非凡。抵達男方家之後，男方家也會派一名男童捧「柑橘」來請新娘下轎，新娘象徵性的觸摸柑橘後，隨手贈送男童紅包。然後由新郎拿著「扇子」朝轎子敲三下、抬腳踢轎門三下，再由福壽雙全的婦人扶新娘下轎。並將掛於轎後的「米篩」或是「黑傘」舉高，引領新娘從下方通過，稱為「過米篩」，同時地面上也需鋪設「紅布」或「紅毯」，使新娘可以上不見天，下不見地。

在步入廳堂前，媒人會把「鉛錢」或「鉛粉」拋灑於房間內外，以象徵緣分。

新娘跨過火爐

拜堂後入洞房

此時，新娘需先採破一片「瓦」，代表除去厄運帶進好運，接著跨過「火爐」以祈求多子多孫及潔淨之意。進了廳堂後，新郎新娘一同燃香燭敬拜祖先，再拜見父母，最後才是夫妻行交拜禮。過去宜蘭地區的婚俗在夫妻同拜天地祖先前，還傳承著一種「拜倒腰」之俗，福壽雙全的婦人在新娘尚未拜堂前，會先扶著新娘將身子向後彎曲，把肚子向前突出，讓男家親友查看，以示新娘的清白。當新人順利完成交拜禮後，兩人正式成為夫妻，接下來便是入洞房。這時候負責挑「子孫桶」的人，會將子孫桶拿進洞房，唸著「子孫桶抬高高，生子生孫中狀元。子孫桶抬震動，生子生孫做相公。子孫桶抬入房，百年偕老心和同」等吉祥話以示祝賀。除此之外，台南地區在夫妻拜祖後，會在大廳擺一張小凳子，凳子上頭擺著昨日謝神用的「甜粿」，及一把用紅紙圈起來的刀子，再請新郎與新娘於大廳「開粿」。「開粿」時，福壽雙全的婦人要引導新人手持刀來切粿，口中並唸著：「粿乎四角角，家伙一直買」、「粿切乎直直來，錢銀著一直來」。

待新郎新娘入洞房，新郎以扇子將新娘的蓋頭巾揭開，並相對而坐於洞房內吃「湯圓」。這場名為「食圓」的儀禮，是由福壽雙全的人代挾湯圓給新婚夫婦共食，象徵今後夫妻能像湯圓一樣圓滿甜蜜。緊接著還要進行「食酒婚桌」之儀，新郎新娘在拜過床母後，一起坐在鋪著新郎長褲的椅子上，以此象徵夫妻未來能夠同心協力。福壽雙全的人則挾著葷素各半的「十二道菜」，配合著：「食雞即能起家，食魷魚生子好育飼，食鹿全壽福祿，食豬肚子婿大地步，食肉丸萬事圓，吃魚又快做乾家。食福圓生子生孫中狀元，食紅棗年年好，食冬瓜大發花，食芋新人好頭路，新娘快大肚，食甜豆夫妻食到老老老，食甜柑好尾結。」等吉祥話，傳達財子壽等各式的吉祥祝福。

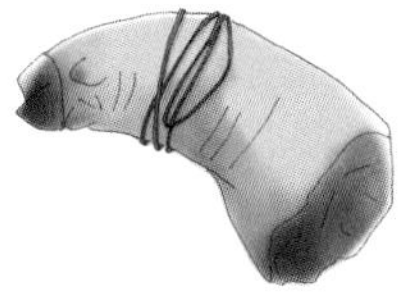

轎斗豬腳

財

豬腳被民間視為具福氣的食物，婚俗中將豬腳懸掛於新娘轎上，俗稱「轎斗豬腳」，具驅邪招來吉祥喜氣之意。

象徵方式／實用昇華、延長引申。性質／食物。

轎斗圓

財

紅圓仔充滿著喜氣圓滿的吉祥象徵，婚俗中由男方送上轎斗圓，女方家收一半，其餘由男方帶回，部份供新人於洞房內食圓，代表婚姻美滿幸福。

象徵方式／實用昇華、延長引申。性質／食物。

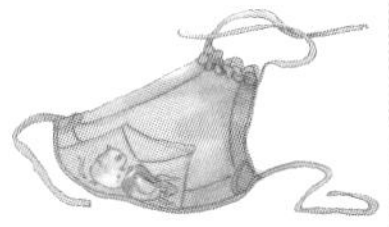

肚裙

財　子

新娘於成婚之日所穿的「肚裙」，內裝有木炭、五穀、橘子、鉛錢、釘子、糖等十二種吉祥物品，象徵傳宗接代、家族香火延綿、富貴吉祥等吉祥意涵。

象徵方式／延長引申。性質／器物。

紅柑

財

俗話說糖甘蜜甜，運用於婚俗中的紅柑、柑橘，象徵婚後夫妻倆人生活甜蜜、萬事吉利圓滿。

象徵方式／諧音（吉語）。性質／植物。

四果湯

子

「四果湯」指由紅棗、花生、桂圓、蓮子所煮成的甜湯。透過這四樣各自具吉祥意涵的食物，祝頌新人早生貴子、富貴圓滿之意。

象徵方式／實用昇華、諧音。性質／食物。

雞蛋湯

財 子

「雞蛋湯」是將煮熟的雞蛋放入糖水所調製而成的吉祥食物，用於婚俗中供迎親者食用。藉由糖味、大紅色與雞蛋的象徵意涵，祈求夫妻能甜蜜圓滿、早生貴子。

象徵方式／實用昇華、延長引申。性質／食物。

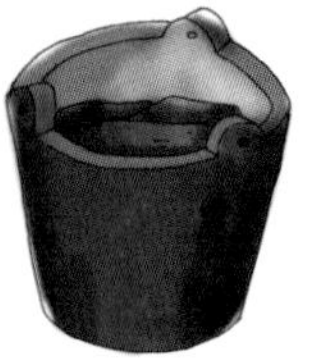

烘爐

財 子

「烘爐」中盛著木炭，燃燒的炭火具有除穢辟邪的力量，又「炭」的諧音為「湠」，具有繁延之意。在婚禮中使用火爐即有祈求吉祥平安及象徵家族香火綿延不絕的用意。

象徵方式／延長引申、諧音。性質／器物。

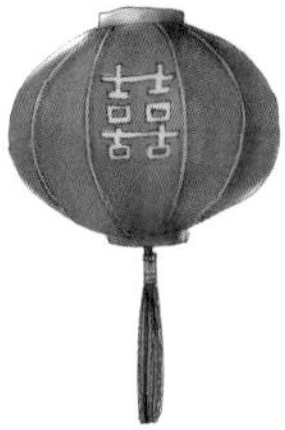

燈籠

子

「燈」為點火照明的器具，因而衍生出光明的意象。再者，「燈」與「丁」互為諧音，在結婚迎親隊伍中，女方家會派兩孩童提燈而行，表示對添丁、多子多孫的祝福。

象徵方式／諧音。性質／器物。

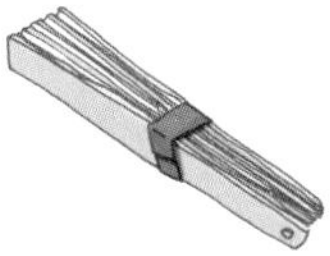

扇子

子

當新娘上轎時，會從轎內拋出扇子或手帕，稱為「放扇」。象徵新娘將以往不好的習性拋棄，將來到夫家當個好媳婦。也象徵女兒今後為夫家人，再也顧不得娘家。

象徵方式／諧音、延長引申、傳說附會。性質／器物。

水

財

新娘上轎後，女方長輩會將水潑灑於地，象徵嫁出去女兒如潑出去的水般，再也收不回。同時也意味著希望女兒從此心定下來，不再思念娘家。

象徵方式／延長引申、傳說附會。性質／行為、器物。

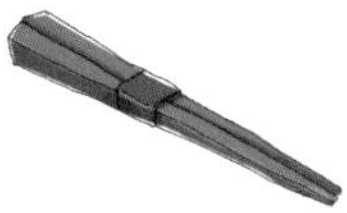

紅筷子

子

「筷」與「快」構成諧音，在近代婚禮中多見紅色具有喜氣筷子，藉此祈求快生貴子之意。

象徵方式／實用昇華、諧音。性質／器物。

鉛　粉

財

「鉛粉」或鉛錢在婚俗中，分別藉由「鉛」與「緣」構成的諧音，被賦予緣分之意，並搭配「人未到，緣先到，入大廳，得人緣」等吉祥話，祝頌婚事吉祥圓滿。

象徵方式／諧音（吉語）。性質／器物。

掛肉青竹

財

民間流傳在連根技葉的青竹上掛塊豬肉，將可驅避白虎邪神，此外，青竹也象徵新娘初嫁及貞節之意。至於連根帶葉「透腳青」，意味著新娘嫁後，夫妻子孫都會有好福氣。

象徵方式／延長引申、傳說附會。性質／器物。

米　篩

財

「米篩」是以竹籐編制而成，上繪有八卦太極及百子千孫等圖樣。婚俗中用於新娘上下轎，以米篩罩著新娘的頭，具辟邪及繁茂不息的象徵。（若新娘有身孕則改用黑傘）

象徵方式／傳說附會。性質／器物。

子孫桶

子

子孫桶包括腰桶、腳桶、尿桶三樣，搭配「子孫桶舉高高，生子生孫中狀元」吉祥話，象徵新人早生貴子之意。

象徵方式／實用昇華、諧音（吉語）。性質／器物。

紅蛋

財　子

「紅蛋」指的是外表染紅的熟雞蛋，蛋具有生殖繁衍的象徵，配合著紅色的色彩外觀，構成充滿喜氣圓滿意涵的吉祥食物。

象徵方式／直接賦予、延長引申。性質／食物。

瓦片

財　子

婚俗中當新娘將步入夫家時，必須先踏破一塊瓦片，稱為「破瓦」，具有除穢及預防相剋的象徵。

象徵方式／傳說附會。性質／器物。

銅鏡

財

「銅鏡」具映照萬物的功能，自古以來便被視為辟邪之物。在婚俗中，銅鏡常被作為嫁妝之一，除了實用功能之外，人們相信具驅邪壓煞力量的鏡子能招來平安。

象徵方式／傳說賦予、實用昇華。性質／器物。

坐郎褲

財

當新婚夫妻進房之後，新娘須立即幫夫婿摺褲子，並將褲子鋪在椅上供兩人同坐，以取金玉滿庫之象徵寓意。

象徵方式／傳說附會。性質／器物。

小凳子

財

新婚夫婦入洞房，腳踏著一小凳子，配合「高椅坐，低椅掛腳」吉祥話，營造出榮華安樂的好兆頭。

象徵方式／實用昇華、諧音（吉語）。性質／器物。

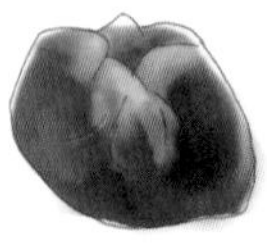

豬心

財

「豬心」的發音與「知心」近似，搭配著「吃豬心較會同心」的吉祥話，讓夫妻兩人共食豬心，取意祝福夫妻未來能同心協力。

象徵方式／實用昇華、諧音（吉語）。性質／食物。

豬肚

財

夫妻共食「豬肚」，配合著「食豬肚子婿大地步」、「食豬肚子孫大進步」等吉祥話，象徵夫婿未來能開創一番事業。

象徵方式／實用昇華、諧音（吉語）。性質／食物。

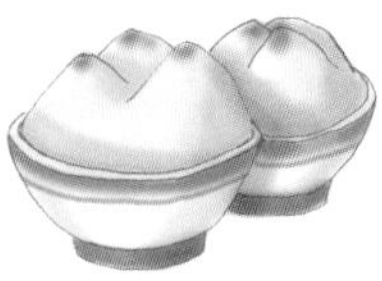

發粿

財

發粿是傳統節慶祭祀中常見的食物供品之一，民間藉由其名稱的「發」字為諧音，取意象徵發財或發達之意。

象徵方式／實用昇華、諧音。性質／食物。

湯圓

財

婚俗中當新郎新娘進洞房後，須對坐「食圓」吃湯圓，代表夫妻以後將如湯圓般圓滿甜蜜。

象徵方式／實用昇華、延長引申。性質／食物。

交杯酒

財

酒是喜氣之物，新婚夫妻在新房中相對互飲，具有象徵夫婦連成一體，未來同心圓滿之意。

象徵方式／延長引申。性質／食物。

桌櫃

子

「桌櫃」為常見的嫁妝，原為一般實用性的家具，不過在禮俗中，因桌櫃的「櫃」與懷孕的「懷（kui7）」讀音上構成諧音，因此取其意祈求早生貴子。

象徵方式／諧音。性質／器物。

姻緣的餘韻：婚後禮

婚後第三天，新娘需盛裝前往正廳祭拜，首先在主婚人的引領下來到正廳，新婚夫婦一起面向門外，先拜玉皇大帝，再拜諸神菩薩，最後再拜家中的祖先，此禮稱為「廟見」。這時家中的晚輩奉茶給新娘，新娘要將「茶」（內含棗子、栗、薑）供於神案上，其次公婆面朝上接受新娘的四拜四叩大禮，並且各奉茶一杯。待公婆喝完之後，新娘再起立四拜，公婆同時答禮，從此刻起新娘才開始稱公婆為父母。接著新娘還須以「甜茶」、「冬瓜」來招待親友賓客，而賓客在喝茶時，需唸吉祥話表示對婚事的祝賀，譬如：「甜茶食過了，我用銀票來作鳥，新娘你看覓，這樣生才有巧。要磧茶甌緊來做，新娘新郎真自由，提錢給你添福壽，二姓合婚配千秋」等。賓客茶喝完之後，新娘要再收回茶杯，賓客得準備紅包放在茶杯內作為賀禮，稱為「壓茶甌」。另外，這天新娘也必須進廚房象徵性的煮一下飯，稱為「試鼎」，並要做一道準備好的雞，代表從今以後將開始為公婆燒飯煮菜。同時，還要抓一把米來餵「雞」，配合著「年頭飼雞栽，年尾做月內」吉祥話，祈求能在年底順利生子。過去於傳統婚俗中的宴客，一般從新娘在「出廳」、「拜神」之後，才準備酒席招待賓客，新婚夫婦也會在宴席中，前往各桌敬酒寒暄，不過近年來的婚俗中，配合正婚禮儀式的簡略，多數的婚禮已將宴客安排在結婚當日一併舉行。

婚後的第三天，新娘除了需「出廳」、「拜神」，傳統的「舅仔探房」之俗也多在此日進行。新娘的親兄弟（俗稱舅仔）會帶著「紅花（結籽）」、「糖果」、「雞」、「甘蔗」等賀體，前往探望新婚的姊妹，稱為「探房」。在傳統道德觀念下，若新娘被證明非處女之身，男方會當面質問。如果夫妻生活圓滿幸福，男方則熱烈地款待舅仔，並贈送「水果」、「紅包」作為回禮。另一方面，當舅仔在「探房」時，會將帶來的「紅花」送給姊姊，姊姊在收到「紅花」後，會將頭飾換上此花，藉此祈求多子多孫。有的家庭在當晚還會安排「鬧廳」，請樂隊在正廳演奏樂曲，增添家中的喜慶氣氛。新娘婚後首度回娘家稱為「做客」、「轉外家」，一般選定於完婚第十二天至四到六個月間，通常以一個月最為普遍。回娘家必須準備「水果」、「米荖」、「金炮燭」等禮品，在到達娘家之前，由新娘走在先，新郎隨行在後，待步入娘家正廳，必須先祭拜神明祖先，接著一一拜見岳父母及親友。中午女方準備酒席款待女婿，在餐宴前岳母會先炒一盤「米粉」給女婿吃，以表示疼愛之意。開宴後，岳母會再拿一張小椅子給女婿靠腳，象徵「有可吃，有可靠腳」生活終身富裕。此外，這場宴席上的每道菜，也必須由女婿先挾，並配合著吉祥話以示祝福。回娘家作客當天，必須在日落之前返家，在回家時，女方會贈送一對「領路雞」及「柑橘」、「甘蔗」、「米糕」、「蓮蕉花」、「香蕉」、「桃」等物。這些禮物各別具吉祥圓滿的象徵寓意，娘家透過這些賀禮的贈送，傳達內心對這對新人的祝福與期望。

茶葉

茶葉作為婚俗中重要的賀禮，主要取茶樹無易移植的生長習性，所謂「茶不移本，植必子生」，象徵締結姻緣的堅定。同時也藉著茶樹繁茂與植必生子的生長特徵，祝福男女姻緣締結下能早日生子。

象徵方式／延長引申。性質／植物。

紅棗

「棗」字與「早」構成諧音，造就出紅棗的吉祥意涵。不論在生育禮俗的祈子階段，或在婚俗過程中，皆透過紅棗的諧音以祈求新人早生貴子。並透過棗樹多子的結果特徵，引申出多子多孫的象徵。

象徵方式／諧音、延長引申。性質／植物。

栗子

「栗子」為食用性的堅果，外觀呈顆粒狀，因栗子讀音與「立子」互為諧音，因此產生求子的象徵寓意，廣泛運用於婚俗各禮俗之中。

象徵方式／諧音。性質／植物。

甘蔗

財 壽

連頭帶葉的「甘蔗」象徵著生命繁茂，加上甘蔗有節的外觀及香甜的氣味，衍生有甜蜜恩愛與有始有終、白頭偕老之意。

象徵方式／諧音（吉語）。性質／植物。

雞

財 子

雞為民間最普遍飼養的家禽，重要的蛋白質來源。由於「雞」與「家」互為諧音，俗話說吃雞起家，象徵著家運興隆，早日人丁生子的吉祥意涵。

象徵方式／實用昇華、諧音。性質／動物。

紅龜粿

壽

「紅龜粿」是傳統喜慶禮俗中最常見的吉祥食物之一，外貌呈龜甲狀、大紅色，具長壽的象徵寓意。婚嫁禮俗中將紅龜粿作為舅仔探房的回禮，分享新婚的喜氣。

象徵方式／實用昇華、直接賦予。性質／食物。

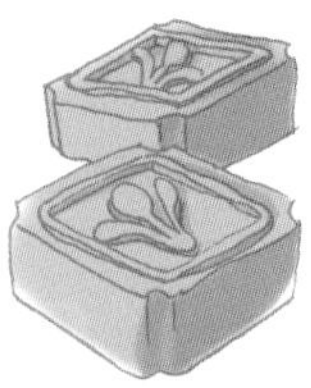

糕餅

財

以砂糖、麵粉、甜餡等原料製成的糕餅點心，其甜食美味與富有吉祥意象的造型，讓「糕餅」在婚俗中具婚姻甜蜜美滿，步步高昇的象徵。

象徵方式／實用昇華。性質／食物。

領路雞

子

「領路雞」必須是一公一母的小雛雞（近來多見現成品），「家」與「雞」呈諧音，表示常常領路到娘家。領路雞送到娘家後不可宰殺，必須好好飼養長大，用來孵化雛雞以象徵繁殖之意。

象徵方式／傳說附會、諧音。性質／動物。

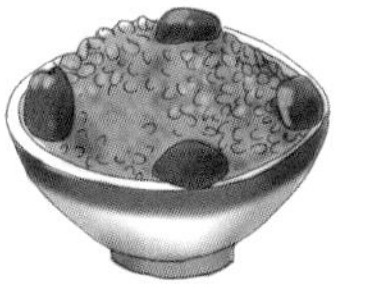

米糕

財

以糯米加糖或加鹽蒸煮而成的傳統食物米糕，因質地呈黏稠狀，在婚俗中，被作為夫妻如膠似漆，永不分離的比喻與象徵。

象徵方式／實用昇華。性質／食物。

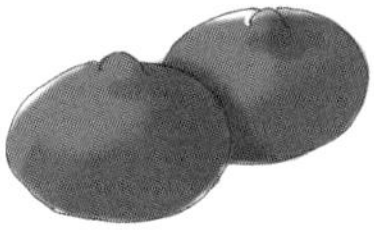

紅圓

財

大紅色、渾圓飽滿，甚至宛如乳房般的造型讓「紅圓」這項傳統糕餅，具備十足的喜氣圓滿象徵。不論在嬰兒滿月或婚俗等生命禮俗中，紅圓皆成為不可或缺的供品賀禮。

象徵方式／實用昇華、直接賦予。性質／食物。

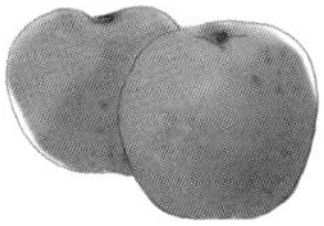

掽柑

子

俗話說糖甘蜜甜，象徵著婚後夫妻倆人生活甜蜜幸福。掽柑的「掽」字讀音，也被用來象徵新娘肚子趕快變大而有繁衍後代之意。

象徵方式／諧音（吉語）。性質／植物。

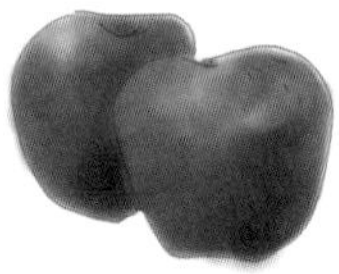

蘋果

財

蘋果為民間常見的食用水果之一，其氣味甘甜，加上紅通通的色澤，因此被視為吉祥甜蜜的象徵，廣泛被運用於禮俗祭典之中。

象徵方式／延長引申。性質／植物。

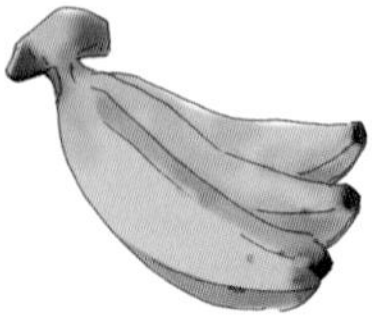

香蕉

子

「香蕉」因發音與「緊招」互為諧音，因而被引申出「趕快招子」之意。加上香蕉外型與男性生殖器相似，讓這個具招子意涵的水果成為生育禮俗、婚嫁禮俗中的重要存在。

象徵方式／延長引申、諧音。性質／植物。

紅桃

壽

所謂的「紅桃」，是指由糯米製成，外型如桃狀，裡面包著紅豆餡、肉餡的糕點食物。在新婚歸寧當日，必須從夫家攜帶紅桃回娘家，又稱為「客桃」，象徵婚姻長久美滿之意。

象徵方式／直接賦予、傳說附會。性質／食物。

酒

財 壽

「酒」是各種含酒精飲料的總稱，人類飲用酒的歷史可追溯到上古，在傳統喜慶禮俗中，酒被視為具吉祥喜氣的飲品，故在婚嫁宴席中也經常使用酒，進而衍生將出席喜宴稱為「喝喜酒」之說。

象徵方式／實用昇華、直接賦予。性質／食物。

生命的祝福：壽慶禮

婚姻的締結開啟另一階段的人生旅程，從此之後，夫妻將相互協力共同承擔各項考驗，終日兢兢業業地為家庭及子女付出。直到子女成家立業，才能稍稍卸下肩負數十年的重擔，開始過著享清福的生活。傳統台灣民間所過的生日禮，大致包括有「大生日」、「小生日」兩大類，所謂的「小生日」，一般指五十歲前所過的誕生日。不過，近年來隨著醫療環境與保健養生意識的高漲，人們普遍的壽命獲得提升，因而也出現以六十歲為分界的情形。在五十歲前所過的小生日，由於並非正式的做生日，所以在生日當天往往並無舉行任何的慶祝活動，只由家人準備點「紅蛋」、「壽麵」來吃，這是五十歲前的過生日。雖然傳統禮俗中在五十歲前並不正式做生日，不過也有兩個特例，其一是在男子結婚後的滿三十歲或是三十一歲那年，岳父母會為女婿做生日，稱為「探壽」。再者，在女婿生日當天，岳父母會致贈「豬腳麵線」、「金戒指」、「花生」、「壽酒」、「雞鴨蛋」、「新衣」

以示祝賀，女婿則必須準備酒宴回請岳父母及娘家親友。

五十歲之後所過的正式壽禮，稱為「大生日」。當生日即將到來之際，將由親友發起慶祝事宜，第一步先著手於廳堂佈置，透過「壽幛」、「壽燭」等壽慶象徵物來營造「壽堂」，並製作「紅龜粿」、「壽桃」分贈前往道賀的親友。生日當天，祝壽的親友們攜帶「壽幛」、「豬腳麵線」、「壽金」、「鞭炮」、「壽禮」前來拜壽。這

採用南管樂的壽慶禮

一天，壽星的女兒們除了需備妥前述那些賀禮，還要加送「雞」、「壽酒」、「蛋」等物以示祝賀。壽慶當日，壽星將端坐於事先布置的壽位上，接受親友們的三跪九叩大禮。待眾人拜壽之後，壽星將分送「紅龜粿」、「壽桃」給前來拜壽的親友，同時也將設「壽宴」款待賓客。在這場壽宴上，除了準備豐盛的菜餚點心，「壽酒」更是此宴的必備飲品，席間可見壽星起身向賓客敬酒以示感謝，賓客們也會再度向壽星表達祝福。在歡度完五十大壽，往後便每隔十年做壽一回，六十大壽稱為「下壽」或「花甲壽」，七十大壽稱為「中壽」或是「古稀壽」，八十大壽稱「上壽」等。

紅蛋

壽

「紅蛋」指的是外表染紅的熟雞蛋，由於蛋具有生殖繁衍的象徵，配合著紅色的外觀色澤，充滿喜氣圓滿的意象。在壽慶禮俗中壽星藉由分贈紅蛋，與賓客們分享過壽的喜氣。

象徵方式／直接賦予、延長引申。性質／食物。

壽麵

壽

麵線色澤呈雪白色，形貌綿長細緻，具祝頌年歲如麵線長度般綿長不絕之意，亦被稱為壽麵。壽禮中特別將壽麵裝飾成高聳狀，藉此營造出吉祥喜慶的氣氛。

象徵方式／延長引申。性質／食物。

豬腳麵線

壽 財

以具吉祥喜氣與健康寓意的豬腳，搭配象徵長壽的麵線構成的豬腳麵線，是壽慶禮俗中最常見的一道菜餚，具慶賀壽誕之意。此外，民間也深信吃豬腳麵線還可驅邪除霉運。

象徵方式／延長引申、實用昇華。性質／食物。

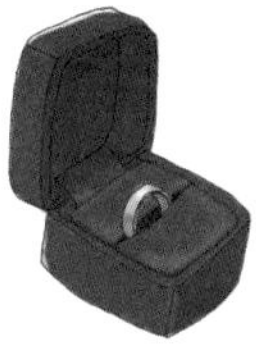

金戒指

財

壽慶禮中作為賀禮的金戒指，為珍貴的黃金所打造。貴金屬的特徵與金黃色的色澤被視為吉祥富貴的象徵。男子滿三十歲的生日，岳父母將致贈金戒指為禮，祝福女婿富貴美好。

象徵方式／直接賦予、符號。性質／器物。

花生

子

「花生」又稱為土豆、長生果、落花生，具很高的營養價值而能延年益壽，被民間視為長壽福氣的食物，進而衍生出「吃土豆、好年老」之說。

象徵方式／實用昇華。性質／食物。

壽酒

壽

「酒」為百藥之長，傳統喜慶祭祀不可或缺之物。史上以酒祝壽的紀錄出現甚早，除可歸咎於酒與久讀音相近，在充滿喜氣慶賀的壽慶禮中，壽酒成為最佳祝壽助興的飲品，人們飲著壽酒傳達長壽的祝福。

象徵方式／實用昇華、直接賦予。性質／食物。

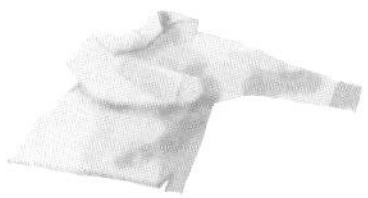

新衣

壽 子 財

「新衣」是岳父母在女婿滿三十歲做壽時所需準備的賀禮之一。繡有各式吉祥圖紋的衣物，傳達吉祥長壽的象徵寓意。

象徵方式／實用昇華、符號。性質／器物。

紅龜粿

龜鶴之壽為民間廣泛流傳的祝壽賀詞，龜、鶴為長壽的象徵。在壽慶禮中，可見大紅色粿面印有龜甲狀的紅龜粿，也是另一種對長壽富貴的祝福。

象徵方式／實用昇華、直接賦予。性質／食物。

壽桃

外觀如桃狀，以麵粉、糖等材料所製的「壽桃」，為寺廟神明誕辰期間最常見的供品。在壽慶禮俗中也以壽桃為賀禮，同時，壽星也回贈賓客象徵長壽之果的壽桃，共享過壽的喜氣。

象徵方式／傳說附會、直接賦予。性質／食物。

壽幛

「壽幛」是以絲綢布料為底，繡上「財子壽」、「壽」或「福祿壽三星」等圖樣所製成的彩幛掛飾。在壽慶活動中，壽幛被懸掛於壽堂中央，其喜慶的色彩與文字，為祝壽活動營造出熱鬧喜氣的氣氛。

象徵方式／直接賦予、符號。性質／器物。

壽禮金

「壽禮金」也就是壽慶禮當日恭祝壽星的錢財賀禮，餽贈者必須在禮金裝入紅包袋內，並於袋上書寫祝賀之詞，做為拜壽儀式上的賀禮。

象徵方式／直接賦予。性質／器物。

壽燭

「壽燭」於壽慶禮俗中，用來佈置祝壽會場，擺設於壽堂的中央，供祭神祀祖之用。其燭體呈大紅色，並印有壽字吉祥圖案，充滿著喜慶長壽的象徵。

象徵方式／實用昇華、符號。性質／器物。

炮仔

「炮仔」源自古人燒竹趨鬼之俗，由於竹枝受熱所產生的啪啪聲響，民間將之視為驅邪與喜氣的象徵。在壽慶禮俗之中也使用鞭炮，用來營造喜氣熱鬧的氣氛。

象徵方式／實用昇華、延長引伸。性質／器物。

第四章

喪葬禮俗與吉祥物

人一生的歷程中，從出生、結婚到死亡，都有許多隆重繁複的儀式，若單就各階段而論，又以死亡的喪葬禮俗最受重視。就台灣傳統漢人的死亡觀而言，深信靈魂不滅的來世觀念，以及慎終追遠的孝道精神，一直是影響台灣喪葬習俗與儀式最重要的觀念。人們在面臨死亡之際，透過各種喪葬禮俗的執行，除了表達後世子孫對亡者的追思及懷念之外，亦具有祈求先祖庇祐之意。如此一來，藉由相關禮俗活動的進行，不僅能使人們降低心中對於死亡的恐懼，對於社會的安定及個人的精神上，都能產生正面的效應，這是喪葬禮俗最重要的社會功能。

生命的盡頭：臨終

傳統台灣民間深信，若亡者不幸死在自己床上，將導致亡者的靈魂會被吊到床架上而無法超生。所以當人已達病危階段，家人會將病人從寢室移到正廳，因為人們認為正廳是家中最神聖的空間，亡者若能在這個地方嚥氣，將是會榮幸的事，此儀式稱為「搬鋪」。當病人即將臨終前，需在正廳中搭設稱為「水床」的臨時性床鋪，在設置時必須先以紅布將奉祀於正廳中的神明祖先牌位與各種紅色的東西給掩蓋，以避免造成沖煞。之後在正廳邊的地上，排上兩把長板凳，並在長板凳上鋪木板或竹椅，再由病人呈頭內腳外的方向躺臥其上。當病人進入彌留狀態，家人可為病人沐浴、化妝，並更換上壽衣，若在病人斷氣前來不及淨身更衣，則必須待斷氣後八小時再進行。

當病人嚥下最後一口氣後，家屬開始圍著亡者痛哭，並將一個亡者生前使用過的「飯碗」與「藥罐」摔破，再將亡者的枕頭更換成「石頭枕」，或銀紙疊製的枕頭，再為亡者蓋上「水被」。此外，將「古銅錢」或硬幣放於亡者口中，以象徵金嘴銀舌，及放手尾錢都是入殮前重要之俗。放「手尾錢」的習俗主要是為了寄望亡者能庇蔭後世子孫，其方式是將一些錢幣或是紙鈔放入亡者衣袖內，之後直到入殮前，再將衣袖內的錢放至「米斗」內，最後再將這些錢分贈與子孫，象徵亡者對子孫的愛護及後世的傳承。除此之外，像祭「腳尾飯」、點「腳尾燈」、燒「腳尾錢」與燒化「腳尾轎」、訂購「棺木」等，也都是在此階段所須展開的工作。當亡者臨終之際，家人需在亡者腳邊擺上一碗「白米飯」，在飯上放一顆「熟鴨蛋」，並直插一雙「筷子」以祭拜亡者，還必須在死者腳後焚燒銀紙，再點亮腳尾靈前所設置的燈座，稱之為「腳尾燈」。至於燒「腳尾轎」或稱過山轎之俗，民間一般若家中有人過世，都會到糊紙店去購買一座紙糊的小轎，在轎內裝滿銀紙之後，再將這座小轎放置於亡者腳邊，男性用藍色轎，女性則使用紅色轎。待病人斷氣之後，會先在轎前放置「飯糰」、「肉」、「米酒」來祭拜轎夫，再將腳尾轎移到大門前焚化，民間認為焚燒紙轎除了能提供亡靈乘坐前往另一個世界之外，也可作為向天神報告死亡消息的一種方式。

誦經超渡亡者

焚燒腳尾轎

當亡者往生之後，家屬也會聘請道士或法師等宗教職能者前來家中為亡者誦經，寄望透過誦經的力量指引亡者步上應行之路，此儀式被稱為「腳尾經」。誦腳尾經時，還需要準備「牲禮」、「紅圓」、「發粿」等供品來祭拜，並在正廳中準備一張桌子，桌子上安放著亡者的「魂帛」、一對紙糊「男女童僕」、「燈爐」、「供品」等物，以設置成一個可供家屬及親友祭拜弔念的臨時靈位。發喪是緊接下來的工作，家中若有人往生，除了在大門口張貼「嚴制」、「慈制」、「喪中」等白紙黑字的標誌以示喪之外，還須印製訃文分送親友，又稱為「報白」。根據佛教的說法，人在斷氣八小時後，魂魄才會完全離開身體，所以若未來得及在亡者斷氣前為他沐浴更衣，便會將這個儀式延至這個時候舉行。由於為亡者淨身的水必須取自流動的水源，所以在沒有自來水的年代，此儀式必須到河邊去進行。「乞水」需由家屬攜帶一個水甕前往河邊，再以投擲硬幣的方式判斷，若得到同意的聖筶，則將硬幣投入河中，象徵跟河神買水之意。然後拿著水甕順著水流向取水。在回到家門前，每個家屬需跨過「火爐」才進入屋內，再由家屬口裡唸著像是：「現在兒子、女兒、媳婦、內外孫大家乞水給您洗頭面，給您子孫大家有頭有面，給您洗嘴，給您子孫萬年富貴，眼睛洗金金，子孫人人發萬金，跟您洗手，子孫萬年自由，一身洗透透，子孫大家都友孝（孝順），自頭洗到尾，給您子孫人人有大傢伙」等吉祥話來為亡者淨身。

亡者沐浴淨身後，緊接著為亡者穿壽衣，稱為「套衫」。舉行此禮俗時，首先將準備好的壽衣由內到外一層層的套到孝男手上，再將這套壽衣回穿到亡者身上，即完成這項儀式。在「套衫」之後，需端上一盆熱騰騰的「麵線」，在麵線中加入大量的「黑糖」，然後由家屬各自分食，稱為「抽壽」。由於所食用的「麵線」具長壽的象徵，加上「黑糖」一般也多用於喜事之中，所以透過抽壽之俗，象徵將亡者的年歲添增至後世子孫上，並帶給家族好兆頭。「守靈」是亡者在入殮前，家屬必須持續不間斷的一項工作，家屬會輪流在遺體旁守護，不僅能定時焚燒腳尾錢及檢視腳尾燈，並且在親友前來弔念亡者時，也可有個照應。

棺木選購的工作一般在亡者臨終時隨即展開，並在入殮前送達喪家，當棺木由商家運往喪家時，稱為「放板」。放板大都選在黃昏進行，在鼓吹的前導之下，一行運棺隊伍到達喪家，此時喪家全體著孝服跪地迎接，並準備一袋「米」、一個「箍桶」及一支全新的「掃把」，將之放於棺木上，具壓制棺煞之意，同時喪家還需在棺木前焚燒「金銀紙」。當接獲棺木後，家屬就在大門外進行「圍庫錢」，全體家屬首先著孝服環坐，再由法師誦經呈疏，並點火焚燒庫錢與紙糊的庫官庫吏，最後由孝男手持著茶壺倒「水」，率領全體家屬繞行三圈。

飯　碗

傳統喪俗中，當人不幸往生，親屬會將亡者生前所使用的「飯碗」敲破，象徵此人已離開這個世界，不再掛心人世間的事情。

象徵方式／延長引申。性質／器物。

藥　罐

壽

當亡者過世的原因出自於疾病，民間在亡者離世之後，會將象徵裝載治療病痛藥物的藥罐敲破並丟棄，代表亡者的病痛已經消除，前往另一個世界不再需受病痛的折磨。

象徵方式／延長引申。性質／器物。

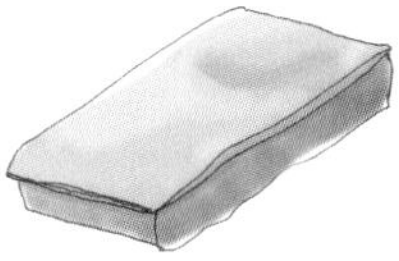

石頭枕

壽

以石頭裝填而成的石頭枕，或者以一塊石頭來支撐斷氣後亡者頭部之俗，主要取意有對後世子孫頭殼硬身體強的祝頌之意。

象徵方式／延長引申。性質／器物。

水　被

水被為白布縫製成的被單，在中央部份縫上紅布條，及繡上卍字、蓮花、靈獸等宗教圖案，用來覆蓋遺體，民間深信水被可保護亡者不受任何侵擾順利往生。

象徵方式／實用昇華。性質／器物。

銅　錢

財

銅錢為財富的具體象徵，喪俗中將銅錢或金箔放入亡者口中，稱為「金嘴銀舌」，象徵來生富裕無憂之意。

象徵方式／直接賦予。性質／器物。

手尾錢

財

手尾錢指亡者生前親手留下的遺產，喪俗中一般會透過分手尾錢的儀式，象徵透過亡者的餘蔭恩德，將可庇祐後世子孫人人發達有成。

象徵方式／延長引申。性質／器物。

腳尾飯

腳尾飯為祭拜亡者的一種供品形式，通常在一碗白米飯上直插一雙筷子，再放一顆熟鴨蛋，多供奉於亡者遺體腳邊，故稱為「腳尾飯」。

象徵方式／傳說附會。性質／食物。

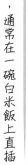

腳尾燈

「腳尾燈」又稱長明燈，放置於亡者遺體腳邊，民間深信此燭光可為亡者照亮前往另一個世界的路。

象徵方式／傳說附會。性質／器物。

腳尾錢

傳統喪俗中對腳尾錢與腳尾燈、腳尾飯的理解相似，焚燒腳尾錢的目的，再於提供亡者前往另一個世界路途所需的旅費。因此，家屬必須接續不斷焚燒腳尾錢。

象徵方式／傳說附會。性質／器物。

腳尾轎

「腳尾轎」又稱為「過山轎」，是以紙紮製而成的紙製小轎，作為亡者之靈的乘坐工具。此外，在燒化腳尾轎前，還必須先準備簡單的供品祭拜轎夫，再裝入金銀紙點火燃燒。

象徵方式／傳說附會。性質／器物。

腳尾經

當人臨終之際，家屬會依照宗教信仰聘請道士或法師等宗教職能者來到喪家為亡者誦經，此宗教儀式稱為頌念「腳尾經」。

象徵方式／直接賦予。性質／器物、行為。

牲禮

財 子 壽

在傳統祭典祀神與禮俗之中，「牲禮」為重要的供品之一，常見的有豬、雞、鴨、魚、蝦組成的五牲，及雞、豬、魚的三牲。這些肉類供品在物質缺乏的過去，都是取得不易高貴的食材，因此作為重要禮俗祭典的供品，顯現供奉者最虔誠的敬意。

象徵方式／實用昇華、延長引伸。性質／食物。

紅圓

財

紅圓具喜氣圓滿的吉祥象徵，也是傳統民間生活中最具喜氣的吉祥食物，故也經常作為禮俗祭祀的供品，即使在喪葬禮俗中，也採用紅圓為供品，藉由紅圓的色彩與造型來討吉利。

象徵方式／實用昇華、直接賦予。性質／食物。

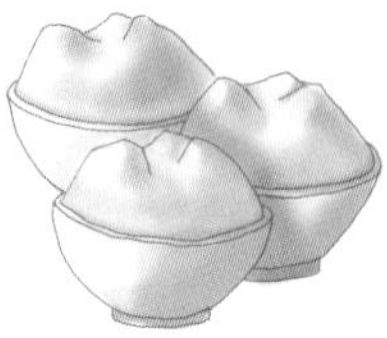

發粿

財

發粿是傳統節慶祭祀中常見的食品供物，民間藉由其名稱中的「發」自為諧音，取意象徵發財或發達之意。在喪葬禮俗中，以發粿來象徵家族未來更發達之意。

象徵方式／實用昇華、諧音。性質／食物。

水

「水」具有潔淨、除穢等宗教意涵，喪俗中的「乞水」為家屬取河川流動清水，為亡者遺體沐浴淨身之俗，同時在過程中，配合著儀式唸著吉祥話，祈求亡者庇蔭賜福給後代子孫。

象徵方式／傳說附會、延長引伸。性質／器物。

火爐

財 子

火呈現的明亮、溫暖、繁盛等特徵，被賦與了神聖、光明、潔淨等意涵，進而成為宗教儀式與禮俗中的重要元素。譬如在乞水後必須跨過火爐才能進家門，藉此淨化取水的家屬與乞水之水。

象徵方式／延長引申。性質／器物。

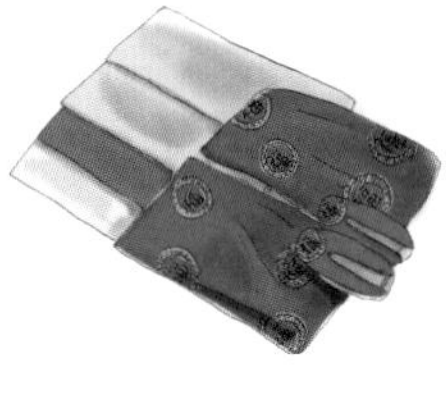

壽衣

壽

亡者臨終後所穿的衣服稱為「壽衣」或「殮衣」，其件數必須為單數。家屬在為亡者穿壽衣時，須先將壽衣穿到家屬身上，之後才為亡者給穿上。

象徵方式／實用昇華。性質／器物。

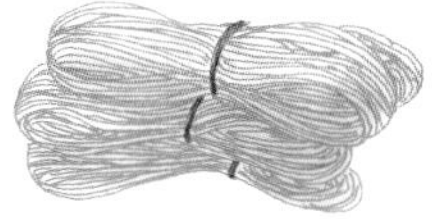

麵線

壽

雪白細長的麵線，其具有的長壽喜慶的象徵廣泛受民間大眾的歡迎，舉凡生育、婚嫁、壽慶甚至喪俗之中皆可見麵線的存在。喪葬禮俗中「抽壽」，即透過食用麵線象徵將亡者的年歲添加於後世子孫之上。

象徵方式／延長引伸。性質／食物。

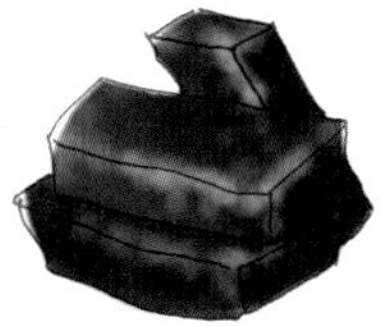

黑糖

壽

在喪俗的「抽壽」儀式中，使用因紅褐色澤、甘甜味等特徵而被民間視為吉祥食物的黑糖。家屬以黑糖拌麵線調味，透過食用甜味的麵線，象徵喪家從此以後將轉憂為喜。

象徵方式／實用昇華、延長引伸。性質／食物。

米

財

「米」可謂農業社會人們賴以維生的生活命脈，造就出豐收富饒及神聖的象徵。在「放棺」儀式中，便以米來壓棺煞，搭配著「白米壓大厝，子孫年年富」吉祥話，以表達內心無限的祈願。

象徵方式／實用昇華、延長引申。性質／植物。

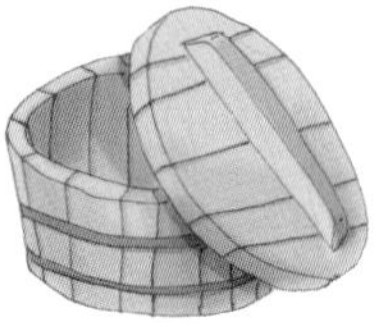

箍桶

子

箍桶是由一條條木片相崁捆製而成的傳統生活器具，如此的結構特徵，被運用於喪俗中象徵後世子孫都能像箍桶般團結一心。

象徵方式／延長引申。性質／器物。

掃把

用來掃除髒亂的清潔工具掃把，除了具有實用功能之外，掃除的功能也衍生出清除一切不潔之物的象徵，故在喪俗的放棺階段，成為壓制棺煞的利器。

象徵方式／實用昇華。性質／器物。

生命的終結：殯殮

「入殮」為喪葬禮俗中相當重要的儀式，因此對於入殮舉行的時間、日期皆必須事先請擇日師選定，再聘請僧道、法師主持法事。一般在入殮前，會先進行「辭生」，意謂著亡者正式辭別在世的一切親人及事物，是家屬最後一次為亡者準備的陽世宴席。如此的告別之宴，通常會準備六葷六素共十二道菜，譬如：「豆」、「雞肉」、「春干」、「魚」、「魚丸」、「芋頭」、「豆乾」、「芹菜」、「豬肚」、「菜頭」、「韭菜」、「豬肝」等食物。此外，在進行辭生儀式時，傳統是由福壽雙全的好命人來擔當，將這十二道菜一碗一碗端起來，並在每端一道菜時念一句吉祥祝福語彙的作法中，以筷挾菜做出餵食的模樣。

辭生的十二道菜

辭生後也會舉行「割鬮」之儀，首先由家屬圍繞於亡者身旁，用麻繩一頭拴在亡者衣袖上，另一頭串十二枚銅錢，並繫上書寫有百子千孫及長命富貴的布條，再由家屬手持此端。接著請法師誦經並配合吉祥話，一邊唸一邊將「麻繩」一一切斷，亡者手上的部份便留在棺木內，至於家屬手持的線頭，則用銀紙包裹後焚化，象徵已與亡者完全斷絕往來，目的是要讓亡者靈魂不再干擾在世家屬的生活。除此之外，法師會再準備一盆添加「黑麻油」的「淨水」，讓喪家每人用手指沾水清洗上眼皮，意謂著將洗去眼中所見一切不淨之物，這樣的洗淨儀式在出葬與做旬時也多見類似的作法。

淨水

「入殮」又稱為「納棺」，是將亡者遺體移入棺材內的儀式，入殮的時間必須由擇日師推斷選定，待時辰決定之後，在依擇定的時辰進行入殮。首先會在棺木底層鋪上「草絲」、「石灰」、「殼灰」等物，做為吸遺體血水之用，並在草絲上，再鋪上一層「銀紙」與「七星板」，銀紙是供亡者在陰間之用，七星板則有辟邪的作用。其次再陸續放入「桃枝」、「扇子」、「石頭」、「熟鴨蛋」、「豆鼓苞」、「過山褲」、「雞枕」等物，這些物品分別具備不同的象徵意涵及功用，譬如桃枝可辟邪禳災，供亡者在陰間驅趕惡鬼之用。又如石頭、熟鴨蛋、豆鼓苞的使用，民間流傳此俗是為了向亡者傳達今後陰陽相隔，希望亡者不要再回來之意。在各式各樣納棺物品妥善放入棺木後，才將亡者遺體與生前的愛用物、珠寶等陪葬物一併置於棺內。最後在遺體上蓋水被，雙腳左踏金紙，右踏銀紙，四週塞滿銀紙以固定屍身，並蓋上「掩身旛」。此時家屬親友將對亡者做最後一次的瞻仰儀容，再由法師來入殮誦經，並舉行「收烏」，也就是蓋棺的動作。在入殮後一直到出殯為止，凡是未結婚出嫁的後世子孫，夜間必須前來守靈，而且只能睡在地板上，俗稱「睏棺腳」。台灣民間若在入殮後為擇吉日、吉地而不立即埋葬，將靈柩停放於家中一段時間者，稱之為「打桶」（殯殮），當進入到打桶階段，必須將「腳尾飯」等供品撤除，而在靈柩前設置正式的靈堂及魂帛、魂幡等物。此外在居喪期間，家屬還必須每天早晚供奉飯菜與盥洗水於靈前，並按時提醒亡者作息時間。

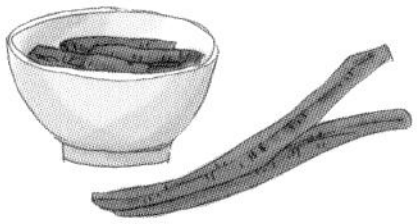

豆

子　壽

「辭生」儀式中以豆為供品，主要取意豆類因生長特質而被賦予的生殖繁衍意涵。此外也配合著「食豆，子孫食到老老老」等吉祥話構成的諧音，傳達出對後世的期盼與祝頌。

象徵方式／延長引申、諧音（吉語）。性質／植物。

雞肉

財

作為「辭生」十二道菜之一的雞肉，是取「雞」與「家」構成的諧音取義，再藉由「食雞，子孫才會起家」吉祥話來傳達吉祥寓意。

象徵方式／實用昇華、諧音（吉語）。性質／食物。

春干

財

「春干」是由墨魚乾燥後所製成的食品，喪俗中春干為供品是取「春」與「剩」所構成諧音，讓春干產生有餘的聯想，一方面亦可配合「食春干，子孫才會有剩」吉祥話來傳達吉祥寓意。

象徵方式／實用昇華、諧音（吉語）。性質／食物。

魚

子 財

魚是最常見的水生動物，在民間常藉由魚與水的關聯，引申出富饒、財富的吉祥隱喻。作為辭生儀式菜餚之一的魚，呈現出對後世子孫在財富生計上的庇蔭與祝福。

象徵方式／延長引伸。性質／食物。

魚丸

財

魚丸是近代所形成的吉祥產物，因「魚丸」的讀音與「議員」互為諧音，「辭生」儀式中即以「食魚丸子孫做議員」吉祥話來傳達對後世子孫未來發展運途的祈求。

象徵方式／實用昇華、諧音（吉語）。性質／食物。

芋頭

子

芋頭為芋的根部，其生殖繁殖能力相當旺盛，因此在各項禮俗中都被作為象徵家庭繁衍興旺的吉祥物，運用辭生儀式的意涵也有異曲同工。

象徵方式／延長引伸。性質／植物。

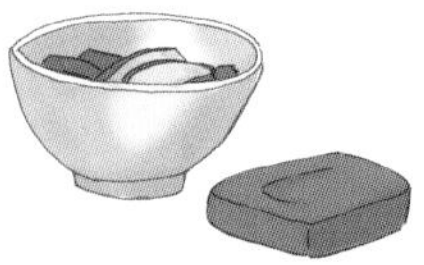

豆乾

財

豆乾由黃豆、石膏、五香、焦糖等材料製作，為民間常見的傳統加工食品。作為「辭生」十二道之一的豆乾，在豆乾的「乾」與「官」構成的諧音，及「食豆乾，子孫做大官」吉祥話等雙重意涵下，成為象徵吉祥意涵的食物。

象徵方式／實用昇華、諧音（吉語）。性質／食物。

芹菜

財

芹菜的「芹」讀音與勤勞的「勤」互為諧音，其延伸之意，造就「辭生」儀式中配合「食芹菜，子孫會勤儉」吉祥話來庇蔭後世。

象徵方式／實用昇華、諧音（吉語）。性質／植物。

豬肚

財

豬肚的吉祥意涵出自於「肚」字與「步」的發音相近，同時在「食豬肚，後代子孫大地步」吉祥話的引申之下，祝頌後代子孫有個好未來。

象徵方式／實用昇華、諧音（吉語）。性質／食物。

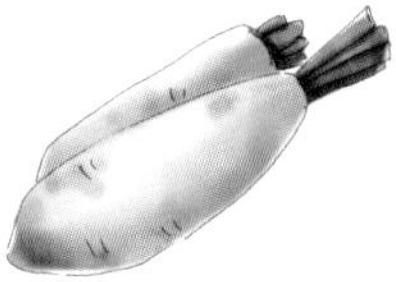

菜頭

財

菜頭也就是白蘿蔔，可謂民間最通俗的吉祥物之一，因「菜頭」與「彩頭」互為諧音，配合「食菜頭，子孫好彩頭」，顯示出對後世幸福美滿的祝福。

象徵方式／實用昇華、諧音（吉語）。性質／植物。

韭菜

壽

韭菜的「韭」發音與長久的「久」互為諧音，故取其諧音來象徵壽命長久，亦可搭配「吃韭菜長長久久」表達其吉祥意涵。

象徵方式／實用昇華、諧音。性質／植物。

豬肝

財

「豬肝」被作為辭生之儀十二道菜餚之一，是透過「肝」的讀音與「官」構成的諧音，配合「食豬肝，子孫當大官」吉祥話，庇蔭後世子孫有好的前程。

象徵方式／實用昇華、諧音（吉語）。性質／食物。

麻繩

壽 子 財

入殮前的割鬮儀式中，將「麻繩」一頭綁著銅錢與百子千孫、長命富貴的布條，由家屬拉著，另一頭繫於亡者手部。再請法師唸誦吉祥話並依序切斷，象徵與亡者陰陽兩隔，藉由布條上的文字與吉祥話來傳達對後世的祝福。

象徵方式／傳說附會、直接賦予。性質／器物。

銅錢

壽 子 財

割鬮所使用的麻繩，除了綁上吉祥語句的布條，同時也繫著幾枚銅錢，銅錢自古以來被視為珍寶之一，人們深信年代越久的越具靈氣，銅錢用於喪俗中主要取其吉祥富貴之意。

象徵方式／傳說附會、延長引伸。性質／器物。

黑麻油

黑麻油是由黑芝麻萃取提煉而成的食用油，民間深信黑麻油具辟邪除穢的力量，因此在喪俗中，黑麻油用來調製淨水，提供家屬親友潔淨禳災之用。

象徵方式／傳說附會。性質／食物。

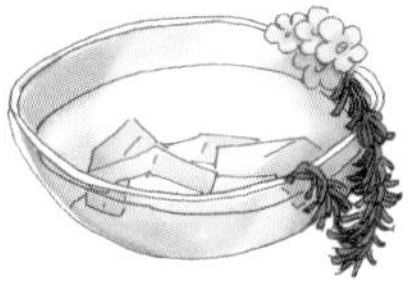

淨　水

喪俗各環節中皆可見道士、法師以清水、黑麻油、淨符等物，調製供人們取用的淨水，亦有一說指出淨水可讓人洗淨並去除眼前所見一切不潔之物。

象徵方式／傳說附會、實用昇華。性質／器物。

草　絲

傳統的入殮之儀，將「草絲」或稻灰、茶葉等具吸水功用的物品，平均鋪設於棺木底部，做為吸收亡者遺體血水之用，屬於實用取向的物件。

象徵方式／實用昇華。性質／器物。

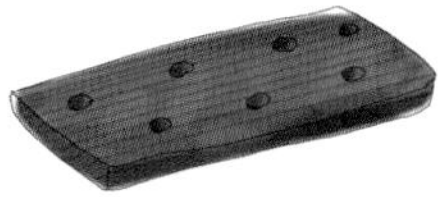

七星扳

財

繪有七星圖樣的「七星扳」，在入殮時放到棺木內，南部的七星扳會在扳下另置七個碗，以利血水下漉。七星扳除了實用性之外，也具辟邪招吉的寓意。

象徵方式／傳說附會、實用昇華。性質／器物。

桃　枝

「桃枝」相傳具有辟邪除穢的力量，入殮儀式中，將桃枝放入棺木內，民間流傳這把桃枝是供亡靈前往地府途中驅趕惡犬與邪靈的護身物。

象徵方式／傳說附會。性質／器物。

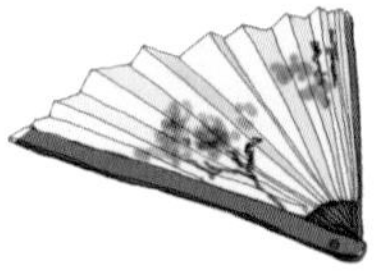

扇子

入棺的「扇子」，被解釋為亡靈從陽間趕路到地府路程中，用來搧風解熱的道具。

象徵方式／傳說附會。性質／器物。

石頭

過去民間多有流傳亡者過世後尚有還魂的可能，此說導致家屬內心的不安。因此在「入殮」時，會在棺木內放入石頭，藉此向亡者表示「唯有到石頭腐爛，才能夠再回頭相見」之意。

象徵方式／傳說附會、延長引伸。性質／器物。

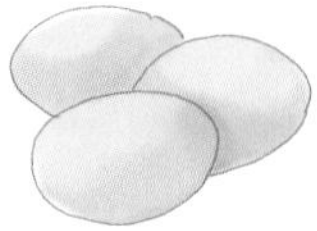

熟鴨蛋

「入殮」之儀中的熟鴨蛋，具有的功能與石頭相似，目的是向亡靈表示唯有這顆熟鴨蛋能孵化，才可還魂再度回陽間。

象徵方式／傳說附會、延長引伸。性質／食物。

豆豉苞

「豆豉苞」的功能與石頭、熟雞蛋相同，入殮過程中，須念著「石頭若爛、鴨蛋若出囝、豆豉苞若發芽、那時陰陽才能相會」，表示唯有豆子發芽，亡靈才能再回到陽間。

象徵方式／傳說附會、延長引伸。性質／食物。

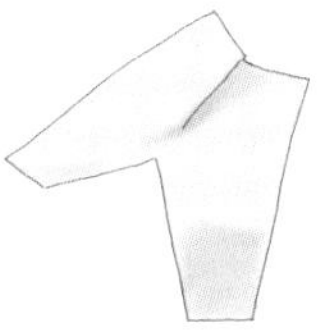

過山褲

「過山褲」是供亡靈前往陰間途中，翻山越嶺時穿著的褲子，以白布縫製，褲腳形式需成正縫反縫。民間認為從陽間往地府的路途相當遙遠，同時在路途中還會遇到惡鬼邪靈的擾亂，過山褲可供亡靈擺脫惡鬼糾纏，順利到達地府。

象徵方式／傳說附會。性質／器物。

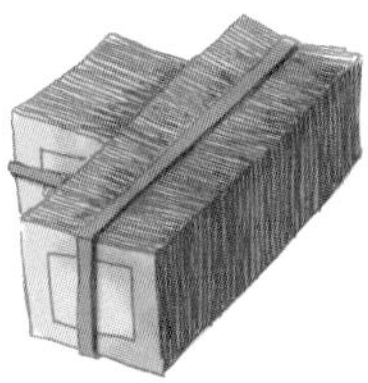

金銀紙

喪葬禮俗中所使用的金銀紙以往生錢、大小銀紙為主，「入殮」時，將金銀紙放到棺木內，在象徵提供亡靈使用之外，也可用來固定遺體。金銀紙還需放置於亡者腳下，左腳踩金紙，右腳踏銀紙，取意有招來富貴之意。

象徵方式／直接賦予。性質／器物。

掩身旛

入殮在完成所有納棺物件的安置後，將在棺木上蓋上水被，再覆蓋「掩身旛」，白布裁製成的掩身旛上繡有「壽」、「卍」等吉祥符號。

象徵方式／實用昇華、符號。性質／器物。

魂　帛

「魂帛」為供奉亡靈的臨時性牌位，入殮之後，以厚紙製成的魂帛，書寫著亡者名諱及死亡年月日，作為亡靈暫時的位牌，供奉於靈堂中。

象徵方式／傳說附會、直接賦予。性質／器物。

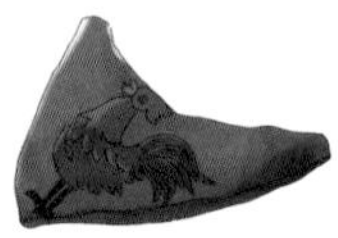

雞　枕

「雞枕」以紅布與白布縫成，裡面裝滿銀紙，作為亡者的枕頭之用。一般會在枕內或枕頭兩邊放入雞毛及狗毛，用來向亡靈提醒時間。一般相信在雞啼狗叫時，也就是天亮的時刻，亡靈即不可再滯留陽間，所以藉由這兩種動物之毛髮來取其意。

象徵方式／傳說附會、實用昇華。性質／器物。

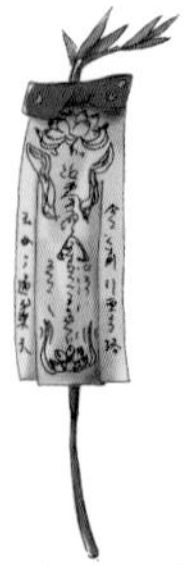

魂　幡

「魂幡」是以帶葉的青竹與布幡所組成，竹尾綁上書寫著亡者名諱、死亡年月日及宗教語彙的布條，用於喪葬禮俗之中，具有招魂引路的象徵功能。

象徵方式／傳說附會、直接賦予。性質／器物。

飯　菜

「入殮」禮成之後，若不立即入土安葬，必須設置靈堂供親友悼念。在停棺至出殯期間，早晚須不間斷「捧飯菜」以祭拜亡者。

象徵方式／傳說附會、直接賦予。性質／食物。

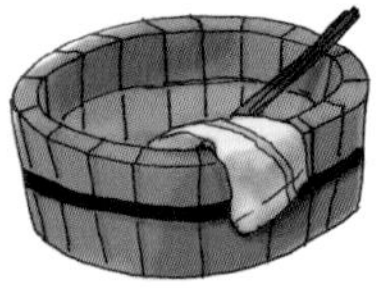

盥洗水

喪家在早晚捧飯菜祭拜亡者時，還需按時送上盥洗水來供亡靈洗淨清潔之用。

象徵方式／傳說附會。性質／器物。

生命的告別：出殯

「出殯」為整個喪葬禮俗中最重要的儀式，在擇日師配合亡者與家屬的生辰八字，選定出殯的吉日時辰後，便開始為出殯當日的儀式活動進行準備，同時喪家也會聘請道士、法師來為亡者誦經做功德。出殯當日，首先將靈柩從正廳移往屋外的靈堂，不過在移柩前，必須先準備牲禮來祭拜，並由法師誦經將亡靈召回。等到靈柩移出廳堂後，家屬會用腳踢倒原本乘放靈柩的「長椅」，並在地面上潑「水」，然後請福壽雙全的好命人來幫忙打掃。清掃時，口中一邊念著「掃帚掃出門，千災萬禍盡消除，掃帚掃進來，房房添丁又發財」等吉祥話，藉此來討個好兆頭。清掃完畢後，還需在停放靈柩之處放一個大桶，內裝入「碗筷」、「紅圓」、「發粿」、「蠟燭」、「白米」、「鐵釘」、「火夾」、「木炭」、「箍桶」等物品。另外再放置一個盛滿白米的「米桶」，及裝滿清水的「水桶」，並在桶內放入一些「錢幣」，作為「壓棺位」之用。

告別儀式由家祭開始，舉行家祭時，需在靈前供上「米飯」、「水」、「筷子」、「紅龜粿」、「發粿」、「五牲禮」、「米酒」、「銀紙」、「木炭」等物，以及家屬親友各別帶來的五牲供品。待弔祭完畢，喪家會將親友送來的牲禮，連同「箍桶」、「春干」、「發粿」、「米糕」等物一併送還。家奠禮主要包括上香、獻奠品、獻花、獻酒、獻饌、讀奠文，及向靈位行跪拜或是鞠躬之禮等程序。祭典開始時，首先由孝眷行三跪九叩禮，之後須鑽進供桌下，以叩謝前來奠弔的親友。家祭之後隨即舉行公祭，其程序包括奏哀樂、上香、獻花、獻果、鞠躬、來賓拈香、誦經等，待禮畢後即舉行「封釘」。

壓棺位桶子

靈前擺設的供品

封釘儀式需擇於吉時舉行，首先法師會先到靈柩前誦經，再由孝男手捧裝有「鐵釘」、「金斧」、「紅包」等物的桶子，分別於棺木四端各釘上一根「鐵釘」，口中並唸著「一點東方甲乙木，子孫代代居福祿；二點南方丙丁火，子孫代代發傢伙；三點西方庚辛金，子孫代代發萬金；四點北方壬癸水，子孫代代大富貴；五點中央戊己土，子孫壽元如彭祖；進發，割棺求發發沒退。」或者是「一釘添丁及發財，二釘福祿天降來，三釘三元生貴子，四釘子孫滿廳臺，子孫釘，子團圓，子孫富貴萬萬年。」等吉祥話。在釘下這四個角落，也就是俗稱的福釘、祿釘、壽釘、全釘過程中，還會配合：「一點福，福字半禮一口田，子孫代代富貴年。二點祿，祿字半禮不成求，子孫代代騎馬四方遊。三點壽，壽字寫來一寸口，子孫代代長壽如彭祖。四點全，全字寫來似人王，子孫代代狀元郎。壽如崑崙兼泰山，鳳毛麟趾財丁貴，鶴算龜齡福授全。」等吉祥話來討吉利。最後將剩下中間的那根小釘子，也就是俗稱的「子孫釘」先輕輕釘入，再由孝男用牙齒將釘子拔起，再從棺木上削下些許木片，共同供奉於靈桌的香爐中，等到除靈時才一起焚化掉。封釘之後，有行團圓的習俗，子孫此時圍繞於靈柩四週，並在靈柩上供三至十三碗「圓仔」，以及一碗「豆子」。然後再繞行靈柩之後，共食這些圓仔與豆子。

在家、公祭結束之後，即進行「發引」出葬，送葬的隊伍可長可短，台灣民間傳統的送葬行列編組，大致包括：開路鼓、陣頭、孝燈、開路神、銘旌旗、五彩旗、香亭、魂轎、道士、靈柩、全體喪家、親友等組成。開路鼓具有引領隊伍的功能，送葬隊伍中的陣頭除了引路之外，部份也擁有熱鬧場面的功能。孝燈又稱為送葬燈，由亡者男性子孫提拿於隊伍中，開路神指為亡者靈

親友弔祭亡者

魂開路之神，一般會以紙糊的形式來呈現，擺置在隊伍前頭，負責驅逐一路上的惡鬼邪煞。銘旌旗是由亡者女婿及孫婿所贈，是一種在帶尾青竹竿上繫紅幡巾的旌旗，此旗在靈柩下葬時，需一同將此旗覆蓋於靈柩上，至於「五彩旗」則是一對呈麻、苧、白、藍、紅五種色澤的旗幟。香亭是載放香爐的亭子，魂轎內澤乘放著神主牌及魂帛的「米斗」，米斗內裝滿著「五穀」、「錢幣」、「鐵釘」、「木炭」等物。靈柩居於隊伍後端，道士、法師走在靈柩前迎靈，而亡者遺族則身著喪服，依親疏輩份之序，全體合力拉著一條白布來送葬。在送葬隊伍末端，還會安排一人來押後，押後的人手捧一個竹籃，籃內放有「燈」、「五穀」、「紅圓」、「發粿」、「韭菜」、「芋頭」、「碗筷」的物，取其吉祥光明之意涵。

米斗

歷經出山往送山頭的路程後，送葬隊伍如期抵達墓地，長孫取下魂轎內的「米斗」，移到一旁臨時擺設的墓桌上，法師接著開始誦經。待吉時一到，首先由持開路神的人進壙翻身，然後在壙內的四角落各放置一塊磚，才將靈柩移入墓壙內。待靈柩已確實安置於墓壙後，隨即將銘旌旗、魂帛擺放到靈柩上，最後由孝男拿持鏟子，朝靈柩上覆蓋第一堆泥土，接著喪家全體以喪服衣角來裝土，並將泥土往靈柩上倒。緊接著準備牲禮來祭拜土地公，並舉行「點主」，也就是為亡者的神主牌進行開光，民間深信透過點主儀式，將為後世子孫招來好運。一般點主官都是由地方仕紳長官來擔當，其過程首先由孝男與孝長孫背對神主牌而跪，點主官手執硃砂筆，先朝天一指，再由孝男在筆尖上哈氣，點主官再以此筆在神主牌位上點畫，配合著動作口唸吉祥話，例如：「請開朱筆昌昌，日出接三光，指日高昇，科甲連登。孔子賜吾文昌筆，把筆對天庭，點天天清，點地地靈，點人人長生，點耳耳聰，點目目明，點主主安，點主子孫昌盛，吾今硃筆插在墓，代代子孫招興旺，進喔！發喔！」，最後再將硃砂筆插在墓前，才算完成點主儀式。

點主之後，將神主牌移到墓碑前，並以傘來遮蓋，喪家全體大小跪於墓前，由法師或地理師從米斗中取出部份的「五穀」，配合著：「一送東方甲乙木，代代子孫受福祿；二送南方丙丁火，房房子孫有傢伙；三送西方庚辛金，房房子孫富萬金；四送比方壬癸水，代代子孫同富貴；五送中央戊己土，代代子孫壽如彭祖；五穀送五方，凶神惡煞歸本洞；五穀送天天清，送地地靈，送人人長生；五穀送得完，代代子孫中狀元；五穀收入斗，代代子孫萬萬口；進喔！進喔！」等頌念詞句，象徵對後世子孫的祝福。再將五穀灑到墓龜上，其他剩餘的「五穀」、「釘子」、「銅錢」，則分送給全體後世子孫，最後在法師的引導，繞墓地三圈後返家。

返家後將神主牌加以供奉，並設宴款待所有前來幫忙的人，又稱為「食三角肉」。餐後，喪家分送每人「鞭炮」、「蠟燭」、「壽金」、

「淨符」、「糕仔」等物，讓人們各自回家後，得以透過燃放鞭炮、燒金點燭等方式潔淨並除霉運。在靈柩順利入土安葬之後，接續還有些後續的禮俗環節，譬如在安葬隔日，或者在第七日時，須再前往墓地進行「巡山」。後世子孫必須身穿喪服，攜帶著牲禮、金銀紙前往墓地祭祀，並巡視一下墳墓是否有異狀，才可返家。在安葬滿百日及對年時，也必須再前往靈前祭祀先人，一般做完對年並完成「合爐」後，這整個喪俗才算正式告一段落。傳統喪葬禮俗，除了前述一系列的禮俗儀式，尚有另一套並行的習俗祭儀，稱為「做旬」。做旬是後世子孫依據亡者過世時間，每隔七日所需舉行的一次祭儀，一共需進行七次。依照舉行次序，分別稱為「頭旬」、「二旬」、「三旬」、「四旬」、「五旬」、「六旬」及「七旬」。在做旬期間內，早晚要在靈桌前供上孝飯，同時喪家也會聘請道士、法師來為亡者舉行超渡法事，藉此為亡者贖去在陽間的罪業，順利往生極樂淨土。

扳椅

財

在「出殯」前夕，需將靈柩移至室外的靈堂，在靈柩移出之後，需將原本乘放靈柩的「扳椅」踢倒，象徵除厄運招吉之意。

象徵方式／實用昇華。性質／器物。

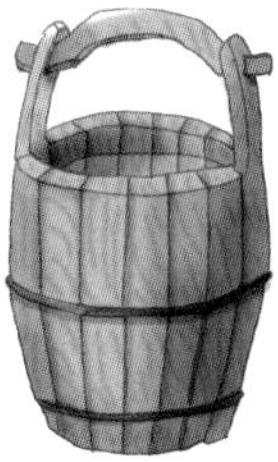

水

財 子

出殯前的靈柩移出，除了將長椅踢倒，也會潑灑清水原停棺的地面，再請來福壽雙全的好命婆來協助清掃，一邊唸著「掃帚掃出門，千災萬禍盡消除，掃帚掃進來，房房添丁又發財」，呈現吉祥財富等象徵寓意。

象徵方式／實用昇華、諧音（吉語）。性質／器物。

碗筷

子

碗筷是人們每日三餐必備的飲食器具，特別是入口接觸之物，自然而然被賦予象徵人的功能，喪俗中「壓棺位」儀式，即以碗筷數量來象徵後世子孫之意。

象徵方式／延長引伸。性質／器物。

紅圓

財

紅圓具有喜氣圓滿的吉祥象徵，在傳統民間生活中，紅圓是充滿喜氣的吉祥食物。其使用不僅限於生育、婚俗、壽慶，在喪俗的祭祀供品中也以紅圓來象徵吉祥之意。

象徵方式╱直接賦予、實用昇華。性質╱食物。

蠟燭

財

火為光明的象徵，能照亮黑暗，進而也被視為驅邪之物。蠟燭為傳統的照明器具，在「壓棺位」儀式中所見的蠟燭，象徵著吉祥光明之意。

象徵方式╱實用昇華、延長引伸。性質╱器物。

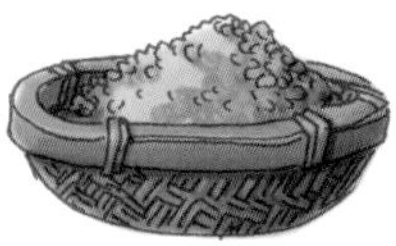

米

財

米在喪俗中廣泛被使用，譬如在「放棺」儀式中，米的功能在於壓棺煞，至於出殯前夕的「壓棺位」，則以米取意有豐收富饒的象徵。

象徵方式╱實用昇華、延長引伸。性質╱植物。

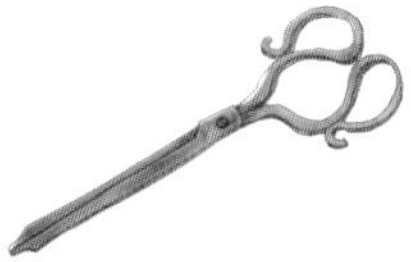

火夾

財 子

火夾是夾取木炭柴薪常用的工具，如此實用性的連結讓火夾也成為具特殊意涵之物，民間禮俗中便將火夾視為像木炭、火爐般具光明、繁衍的象徵。

象徵方式／實用昇華、延長引伸。性質／器物。

木炭

財 子

木炭為引火燃燒的燃料，因「炭」與「湠」互為諧音，具有繁衍之義，喪俗與婚俗同樣透過木炭這項吉祥物，傳達對後世子孫的繁衍與家族香火綿延不絕的祝福。

象徵方式／實用昇華、諧音。性質／器物。

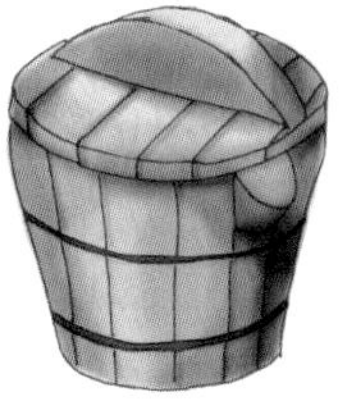

箍桶

子

箍桶是由一條條木片相崁捆製而成的傳統生活器具，如此的結構特徵，在喪葬幾個儀式之中，皆藉由箍桶的造型特徵，象徵後世子孫都能團結一心。

象徵方式／延長引伸。性質／器物。

米桶

財

米桶為裝載白米的容器，如此在實用層次上所構成的關聯性，造就出民間賦予米桶與白米相同的象徵意涵。

象徵方式／實用昇華、延長引伸。性質／器物。

水桶

財

水具有生殖繁衍、辟邪除穢等象徵意涵，民間將如此的象徵投射到裝水的容器上，造就出水桶也成為禮俗中象徵繁衍、辟邪的吉祥物。

象徵方式／實用昇華、延長引伸。性質／器物。

紅龜粿

子

「紅龜粿」是民間節慶祭祀中最常見的供品，其外觀呈龜甲狀、大紅色，具有長壽的象徵寓意。這樣的吉祥食物也用於喪葬禮俗，作為告別式祭拜供品之一的紅龜粿，即取其吉祥與長壽的象徵寓意。

象徵方式／直接賦予、實用昇華。性質／食物。

五牲禮

財 子 壽

以豬、雞、鴨、魚、蝦或豬頭、雞、鴨、魚、豆乾構成的五牲禮，為傳統禮俗祭典中最隆重的供品形式。喪俗出殯前的家祭，亡者的至親好友，為表達對亡者最崇高的敬意，便各自準備「五牲禮」前來奠祭亡者。

象徵方式／直接賦予、實用昇華。性質／食物。

酒

財 壽

酒是傳統民間禮俗祭祀時必備的供品，有道是「無酒搏無杯」，顯示酒對祭祀活動具有的重要性。喪俗告別式的家祭舉行時，家屬親友即以酒來奠祭亡者，藉此表達心意並取其吉祥意涵。

象徵方式／直接賦予、實用昇華。性質／食物。

米糕

財

米糕黏稠的質地造就出婚俗中被用來象徵夫妻如膠似漆，永不分離之意。此外，米糕的「糕」字也與「高」互為諧音，造就出另一種吉祥意涵，在喪俗中作為供品的米糕即取這項象徵寓意。

象徵方式／諧音、實用昇華。性質／食物。

釘子

子

蓋棺儀式又稱為封釘，舉行封釘時會在棺木四周釘釘子，最後於棺木上再釘上一根象徵性的小鐵釘，再由孝男將之咬起。由於「釘」與「丁」構成諧音，讓鐵釘成為生殖繁衍的象徵。安葬之後，也會把釘子灑到墳墓上，部份與五穀一起分送家屬取釘子之吉祥意涵。

象徵方式／諧音、實用昇華。性質／器物。

金斧

喪俗中的封釘，除了由孝男咬起一根釘子之外，法師會以金斧從棺木上削一塊木片，再與拔出的鐵釘一起供於靈桌上。

象徵方式／實用昇華。性質／器物。

圓仔

子

圓仔是以糯米捏製而成的傳統甜點，其外型成渾圓狀，加上糯米黏稠具彈性的質地，造就出團圓美好的吉祥意涵。

象徵方式／實用昇華、延長引伸。性質／食物。

豆子

壽 子

豆子為人類重要的穀類農作，具有旺盛的繁殖能力，保有繁殖生產的吉祥象徵。喪俗在封釘後，子孫將分食「豆子」與圓仔，藉此取意讓後世子孫能夠團圓到老。

象徵方式／延長引申、諧音。性質／食物。

孝燈

子

「孝燈」又稱為送葬燈，以竹篾為骨架，外面黏貼紙材所製。孝燈通常書寫亡者的世代數與字姓，具有照明、標示與排場的功能，一方面透過燈與丁所構成的諧音，成為一種吉祥象徵。

象徵方式／直接賦予、諧音。性質／器物。

銘旌旗

財 子

「銘旌旗」由亡者的女婿與孫婿獻旌旗，女婿準備的銘旌旗為紅色，孫婿的銘旌旗為黃色，旗上書寫著亡者的階級及諱名，以表達對於亡者的尊崇，並祝頌後世前程光明日後將出人頭地。

象徵方式／直接賦予。性質／器物。

五彩旗

子

「五彩旗」又稱為「彩旗」、「五色旗」是以麻、苧、白、藍、紅等五服的布料組成，分別紮於兩支留尾的青竹上，構成五種顏色的旗幟，象徵家族五代子孫滿堂，多子多孫多福氣。

象徵方式／直接賦予。性質／器物。

米斗

財 子 壽

喪葬禮俗中以米斗來裝載神主牌及魂帛，以及稻穀、木炭、鐵釘、銅錢、犁頭生等代表富饒、繁延、添丁、富貴等吉祥物，象徵滿載的吉祥意涵與祝福。

象徵方式／實用昇華、傳說附會。性質／器物。

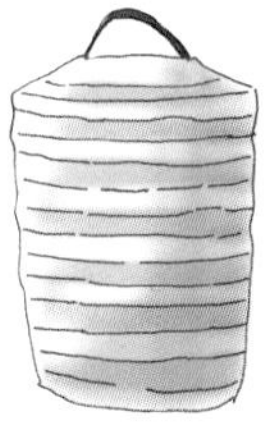

燈

財 子

「燈」是點火照明的器具，具有的象徵意義源自火崇拜，火發光可照亮黑暗，自古以來被視為光明的象徵。出殯隊伍中，「燈」兼具有引路標示及光明照路等功能。

象徵方式／延長引申、諧音。性質／器物。

五穀

子

「五穀」為各種穀類的通稱，是傳統社會人們賴以為生的飲食來源，讓人的生命得以延續，因此甚早穀類即被神聖化，同時賦予特殊的象徵寓意。喪俗中特別在靈柩入土安葬後，即以五穀繁殖力強的特徵，祝頌後世子孫代代繁延，家族興旺之意。

象徵方式／延長引申。性質／植物。

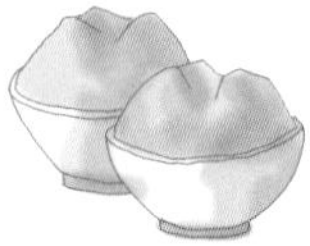

發粿

財

喪俗中所使用的發粿，同樣透過發粿的「發」字構成的諧音，取意有發財、發達之意，象徵後世子孫人人在事業上能發達賺大錢，在悲傷的氣氛下帶來家屬對未來的期望與好兆頭。

象徵方式／實用昇華、諧音。性質／食物。

韭菜

壽

韭菜的「韭」字與長久的「久」發音接近，因此產生壽命長久的象徵寓意，喪俗中以韭菜以表達對家族後世子孫的長壽祈願。

象徵方式／實用昇華、諧音。性質／食物。

芋頭

子

芋頭為芋的根部，具有很強的繁殖能力，被民間作為生殖繁衍的象徵。在出殯中以芋頭為供品，藉此象徵對家族世世代代繁衍傳承的祝福。

象徵方式／延長引伸。性質／植物。

碗筷

子

碗筷為日常生活必備的餐具，特別在喪葬禮俗中，碗筷成為了使用者的象徵，整組多量的碗筷則顯示家族人丁興旺之意。

象徵方式／實用昇華、延長引伸。性質／器物。

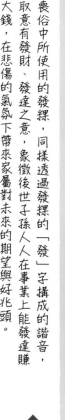

銅錢

財

銅錢是過去金錢交易的通貨，也是財富的象徵，當靈柩入土安葬之後，部份的銅錢與鐵釘、五穀拋撒至墳墓，剩餘分贈後世子孫，傳達吉祥圓滿的象徵寓意。

象徵方式／直接賦予。性質／器物。

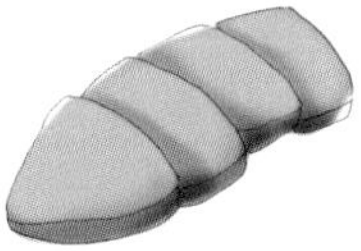

三角肉

在喪俗告一段落後，喪家會準備筵席招待親友賓客，其中必備的菜餚有肉、豆腐等方形的食物，必須切成三角形，表示家中缺了一人，也象徵著遺憾之意。

象徵方式／實用昇華、延長引伸。性質／食物。

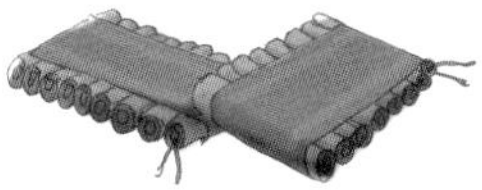

炮仔

財

「炮仔」成為吉祥物，源於古人燒竹驅鬼之俗，竹枝受熱所產生啪啪聲響，被認為具驅邪除穢之力。在喪俗結束，喪家會分送前往參與的親友鞭炮等物，其用意在於讓人們在返家後，能藉由燃炮驅走厄運帶來吉祥。

象徵方式／實用昇華、延長引伸。性質／器物。

蠟燭

財

火呈現的明亮、溫暖、繁盛等特徵，被賦與了神聖、光明、潔淨等意涵，進而成為宗教儀式與禮俗中的重要元素。蠟燭是傳統照明的器具，點燃蠟燭可發出明亮的火光，喪家在喪俗結束後，將分送蠟燭給參與的親友，象徵以吉祥光明去除厄運之意。

象徵方式／實用昇華、延長引伸。性質／器物。

糕仔

財

「糕仔」是以麵粉、糖、油脂等原料製成的傳統糕點食品，經常以吉祥圖樣為造型。「糕」字與「高」互為諧音，加上造型添加的吉祥意象，造就出糕仔的象徵寓意，因此在喪俗後，也成為喪家分贈親友討吉利的吉祥食物。

象徵方式／實用昇華、諧音。性質／食物。

淨符

壽

淨符是由道士或法師以黃紙或其他符紙，藉由宗教儀式書寫繪製的符咒，被認為具驅邪潔淨保平安的功效。在喪俗結束後，常與砲仔、蠟燭、糕仔一併分贈親友，用來洗淨邪穢。

象徵方式／實用昇華。性質／器物。

第五章

吉祥物的價值與意義

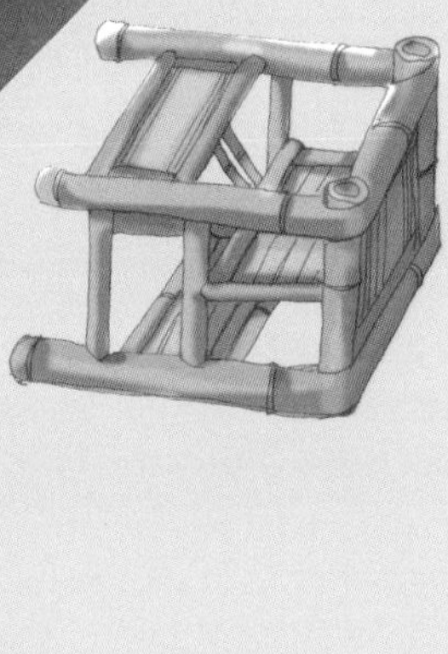

吉祥物的特性與吉祥圖案

吉祥物的特性

廣義而言，「吉祥物」泛指體現吉祥觀念的象徵物件，其主要的表現型態，包括動物、植物、食物、器物等類型及吉祥圖案。這些事物不論物質屬性為何，在發展成吉祥物的過程中，皆需仰賴人為的力量。也就是說，對任何的吉祥物而言，不管是源於自然界的動、植物，或者藝術加工下所產出的吉祥圖案，都源於人為觀念的物化。因此，當我們回歸吉祥物的本質，大致可將任何型態的吉祥物，解構出「外顯性質」與「內在意識」兩部份來理解，唯有透過這兩層面的搭配，才足以構成一件完整的吉祥物。

這裡所言的「內在意識」指一種徵兆、概念，以吉祥物來說，內在意識即為吉祥觀、幸福祈願。這部份擁有絕對的主導性，對支配事物、吉祥物的形成，具決定性的力量。至於「外顯性質」指的是事物本質的屬性，如植物、動物或是藝術圖案，是體現內在意識的實質形式。外顯性質的取代性較強，可隨著主客觀條件的轉換而產生變化，譬如：蓮子被視為吉祥物，在於「蓮」字諧音「連」，因而產生「連生貴子」的吉祥圖案、吉祥話。此外，也由於蓮子的自然屬性，呈現密密麻麻的結果狀，讓人們將多籽的形象與多子聯想連結，進而賦予蓮子多子的象徵意涵。這兩層次的成因皆屬內在意識的作用，也就是事物最實質的內涵。至於蓮子如軀殼般的載體，則透過體現寓意的模式，將欲求呈現的抽象觀念加以傳達顯現。在民間社會裡，人們巧妙地運用吉祥物的外顯性質，呈現其內在意識所保有的內涵特徵，以達到並滿足人們精神上的祈願。藉此可見，傳達事物外顯性質固然重要，不過唯有內在意識的呈現，才足以完整產出吉祥物的道理，同時也顯示出吉祥物的特性及其文化模式。

蓮子湯

吉祥物與吉祥圖案

回顧近一二十年來吉祥文化相關的研究，「吉祥圖案」仍是最受人們矚目的焦點。相較於吉祥物、吉祥觀、祈吉民俗等主題，市面上以吉祥圖案為題的著作舉目可見。雖然多數內容仍停留於收集、整理分類及詮釋，不過就整體的量與質而言，仍居整體吉祥文化研究之冠。也因此，在民間普遍的認知中，吉祥圖案似乎已成為「吉祥」的最佳代名詞。「吉祥圖案」泛指傳承於民間社會的一種象徵、裝飾之紋樣，除了藉由諧音、傳說附會、比喻來賦予象徵寓意，亦進一步透過藝術表現手法的圖案、文字為象徵，完整地傳達各種吉祥意象。當我們環顧吉祥圖案與吉祥物兩者的成形過程，確實可見眾多的類似處，只是吉祥圖案在賦予事物象徵寓意之後，還需透過藝術表現的圖案使之成為象徵，至於吉祥物則不需經由這般的象徵方式，

石榴

這是兩者間最大的差異。喬繼堂《吉祥物在中國》一書，對於吉祥圖案的形成指出：「吉祥物由於其大多不易以實體形式來表現，故而常以吉祥圖案的形式出現」，此說乍看之下似乎周詳，不過若從事物的本質來看，確實留下一些需再檢視的問題。首先，吉祥物在性質上屬於吉祥文化的載體之一，這種屬性同樣也存在吉祥圖案與吉祥文化之間，吉祥物與吉祥圖案皆是吉祥觀念、意象的載體。不過，喬繼堂認為吉祥物在現實中因不易表現，進而改採吉祥圖案來呈現之說，換言之，也就是說吉祥圖案的形成並非直接來自吉祥觀，這樣的觀點似乎有點陷入導因為果的窘境。

舉例來說，「石榴」被視為吉祥物，源自石榴多籽的植物特徵，人們再將這項特徵譬喻為多子多孫的吉祥意涵，進而產生象徵多子的石榴吉祥物。石榴作為吉祥物的象徵模式，除了以實際的石榴作為象徵，另一方面也可透過藝術化的石榴圖案，各自體現多子的吉祥觀，至於石榴或石榴圖案都不過是呈現觀念的載體。由此而論，吉祥圖案與吉祥物在成為觀念具體表徵的過程中，並無先後次序的問題，兩者應同時產生，至於

虎頭童帽

為何分別出現採原物或圖案來呈現吉祥觀，筆者認為可從兩個層面來談。其一、吉祥物的物質本身存在一些先天的侷限，譬如老虎在民間的理解，可謂強健、勇猛、驅邪的象徵，不過若實際捕殺虎取皮，製作虎頭帽、虎頭鞋供小孩穿戴，相信此舉並非一般升斗小民能力所及。更何況小孩穿虎頭鞋、戴虎頭帽僅取老虎的象徵意涵，也非絕對需實際的物件才能發揮象徵寓意。因此，對於屬性特殊的吉祥物，為了使其呈現方式易於被接受，同時也顧慮各種物件取得的難易，因而衍生出彈性較高的圖案化及取代性材料等作法。也由於圖案創作所受的先天條件限制，遠低於採用實物的表現形式，吉祥觀的圖案化，不僅可針對各事物的形象進行藝術加工，更可彌補吉祥物在呈現綜合性吉祥觀上的侷限。

藉此可知，吉祥物與吉祥圖案實為相輔相成，兩者具有共同的象徵寓意基礎，只為了順應象徵表現的現實條件、體裁及運用難易，才發展出「物」與「圖」兩種相異的體現形式。又如婚嫁禮俗中的吉祥物紅棗、栗子，這兩項的意涵皆來自諧音，構成「早立子（棗、栗子）」的吉祥意涵。這種情況若改由圖案來呈現，只需一幅圖案即可達到對早日生子的祝頌，此狀可視為吉祥圖案發達的因素之一。只不過，即使吉祥圖案具有如此象徵表現的優點，直接採取物件來體現吉祥觀的吉祥物仍未必全然被圖案所取代。因為對民間大眾而言，欲取得藝術手法下的吉祥圖案，並不見得比取自日常生活事物來得容易，況且有些具實用性的吉祥物，若改以圖案形式於禮俗中呈現，將喪失事物本身具有的意義。我想吉祥物若從廣義層面來說，除了指實體呈現的動、植物、器物等類型之外，藉由藝術手法施以圖案化的吉祥圖案，也因納入吉祥物的範疇。因為對於吉祥文化體系而言，內涵性的觀念遠比外在呈現形式來的重要，不論是吉祥物或吉祥圖案，除了順應外在條件生成的各種形式，其對於民間社會、常民生活的意義是一致的。基於這樣的論述來解讀，更可理解吉祥物實質的特性。

吉祥物於禮俗中所具有的功能與運用模式

吉祥物的功能

吉祥物作為民俗文化的有形載體，是世人生存需求的反映，也是區域傳統及文化綿延的表現。人類的各項需要可視為文化創造的動因，亦為人類進步的動能，因人的需求所引發的一切有目的、有功能的創造及其文化表現，都是體現文化功能的一種驅動。吉祥物是人類觀念意志下的產物，它並不是可有可無的虛設象徵，亦非可任意取代的文化符號。吉祥物的形式與運用並非個人所創造，而是集體性文化觀的呈現，一種具體傳承延續的民俗文化。吉祥物的功能源於人類原始思維的觀念，其所展現出的功能多半具有積極性，主要呈現出表達願望、認同凝聚、心靈調適、傳統延續等功能。

（一）表達願望

許願是民間信仰中相當普遍的宗教行為，人們透過祭拜並許願的方式，祈求眾神保祐願望早日實現。許願之後，往往在許願者的心裡將產生一股力量，雖然願望是否能實現與否仍是未知數，不過在心理層面上所形成的信心感，將使許願者暫時擺脫焦躁不安的情緒。因此，許願可視為克服願望及現實落差所構成的一種文化模式，再運用於現實社會中所創作的吉祥物，使人們能透過這些事物產生力量，達到精神的鼓舞，進而克服困難達成目標。譬如在生育禮俗中，被廣泛用來象徵多子多孫的石榴、蓮蕉花、芋頭等植物；在婚嫁禮俗中，象徵夫妻甜蜜的甜湯、茶、湯圓等食物；在壽慶禮俗中，使用來祝福長壽的壽酒、壽麵，以及喪葬禮俗中，拿來祝頌後世子孫的豆干、魚丸、韭菜等物。這些配置到禮俗各環節中的物品，透過吉祥物的力量，反映著人們內心的祈願與觀念，以這種宛如隱約暗示的模式，祈求各種心願與祈盼得以實現。

（二）心靈調適

人們在現實生活中，若有任何需求、期待無法獲得滿足，往往將藉助其他可取代的方式，達到心靈上的平復，擺脫心理不平衡所產生的苦痛。例如生育禮俗中對於「生」的祈求，生育是世人最基本的一項祈願，在早期的社會裡，由於生活環境、醫療條件不佳，生命得不到基本的保障，因此在生育生產期間，充滿了各式各樣象徵祈子、繁衍、安產、圓滿等祈願的吉祥物。特別是在嬰兒存活率不高的年代裡，生產前以吉祥物祈求順利生產，嬰兒順利出生後，除了祝頌嬰兒順利成長，也將再度仰賴吉祥物祈求下一胎早日到來。除此之外，在喪葬禮俗中，也存在不少具心靈調適意味的吉祥物運用，如殯殮前的「辭生」儀式，供奉了菜頭、韭菜、豆干、魚丸、豬肝等十二道供品，每項食物分別象徵對家族後世的子孫繁延、事業發展、財富追求等吉祥意涵的祝福。在哀悽悲痛的禮俗過程中，藉由各項具吉祥象徵意象的食物，為的是對人們內心提供一份調適及舒緩。其意義在於悲慟感傷的撫慰，告訴人們雖然親人不幸離世，不過他會將他未盡的福份留給後世子孫，讓悲傷的喪家親友們內心得到安慰與平衡。

(三) 認同凝聚

有道是：「千里不同風，百里不同俗」，在不同的區域與社會之下，皆有屬於各自特有的風俗慣習、民俗文化，吉祥物可謂傳承於民間社會的民俗文化具體展現。其生成在一定的文化體系下被眾人所共有，屬於集體意識的一種表徵，吉祥物體現一致的文化概念及價值，並擁有凝聚族群與鞏固社群文化的力量。雖然全人類對追求幸福美滿、退避災禍上有共同的認知，但是在各民族、區域間所運用的作法及其表現卻有天壤之別。譬如台灣民間的禮俗活動，縱使習俗文化元素多半源自數百年前由福建、廣東一帶渡海來台的先民，不過在歷經歷史傳衍過程中與在地環境、風土、族群文化的交融，已造就出以台灣為傳承母體的文化傳統。像是多數的植物類型吉祥物皆以台灣特產的種類來賦予吉祥意涵，同時，也可見眾多穿插國台客語、原住民族語間互為諧音的吉祥物。同樣的情形在流傳於台灣民間的吉祥觀之上，也因歷史背景、地方民情及環境等因素，造就出「財子壽」此項深刻反映移民社會性格的吉祥觀。這些呈現出台灣風土、鄉土情懷的文化，不僅體現了自我特質，更成為聯繫國人認同的一股最深層的力量。

吉祥物於生命禮俗中的運用模式

(一)禮俗與交感巫術

社會人類學者 J.G.Frazer 認為在人類社會的禮俗中，普遍存在某種相似的行為模式，雖然在表面上所呈現的情形不盡相同，卻在內涵中具有明顯的相似性。就以本書探討的生命禮俗來說，當我們解析各禮俗體現的文化模式，可發現這些禮俗在進行時所採行的，多半透過某實體物通過神秘的交感象徵過程，再將其象徵的內涵傳達至另一物體上，使之產生相互作用進而達到預想的效果。這種藉由傳達象徵性作用，使具有象徵性的事物附著象徵之力，其實正是人類學者所指的「交感巫術」。所謂的「交感巫術」，指物體通過某種神秘的交感產生遠距離的相互作用，透過一種我們看不見的「以太」，也就是某種神秘的交感力，把一物體的推動力傳輸到另一物體。J.G.Frazer 將交感巫術分成「模擬巫術」與「接觸巫術」兩類，指出「模擬巫術」就是相信模擬真正東西的一種形象，也許會產生一個真正事物相同的結果。另一方面，亦指透過相同的事物可控制另外一個東西，也就是利用一個假借的物，可以控制一個真的東西。簡言之，模擬巫術即為所謂的「同類相生」與「同類相制」，又稱為「相似律」。而「接觸巫術」指物體經過互相接觸，之後當中斷接觸時仍可持續產生相互作用，故又稱為「接觸律」。

透過 J.G.Frazer 對巫術所提出的法則，回過頭來檢視台灣傳統生命禮俗的過程，可發現在絕大部份的禮俗過程中，皆可為交感巫術得到實際的印證。例如：在三朝為嬰兒洗澡的時候，會在澡盆內放入小石子，象徵嬰兒頭部如石子般的堅硬，此儀式即為典型的模擬巫術。又如二十四日或滿月時的剃髮之俗，會在理髮水中放入銅錢、小石子、紅蛋等物，

小石子

並以青蔥混著蛋黃塗抹嬰兒頭部，由於「蔥」的諧音同「聰」，故透過諧音的方式取吉祥的象徵意涵，這也是模擬巫術的另一種表現。除了生產階段，在婚嫁、喪葬禮俗中，同樣可見模擬巫術的蹤跡，像是男方送來的喜餅，新娘並不能吃，若新娘吃了自己的喜餅，將吃掉自身的喜氣。喪葬禮俗中，在入殮時一併將數件物品放入棺木內，如：桃枝、過山褲、雞枕等物，桃枝是提供亡者前往陰間時，作為手杖及驅趕惡犬之用。

至於接觸巫術的部份，像生育禮俗對胎衣的處理便是明顯的例子，民間深信出自嬰兒本身的胎衣，將與嬰兒的性命安危息息相關。因此，在禮俗中對於胎衣的處理，往往小心翼翼的為確保嬰兒的安危，這就是典型的接觸巫術表現。婚嫁禮俗中，當新郎新娘入洞房後，必須一起坐在鋪有新郎褲子的椅子上，象徵夫妻共穿一條褲子，未來能同心協力為家庭事業打拼。在喪葬禮俗方面，把亡者留下的部份金錢分贈給子孫，稱為放手尾錢，象徵將亡者的餘蔭恩德流傳後世。透過以上列舉的數例，可清楚了解分布於傳統生命禮俗中，那些透過事物所產生的力量，試圖達到控制自然界現象的行為模式，其實是人類在面對自然形成的一種神秘性的行為模式，通過這些禮俗行為的舉行，使得吉祥物能為人們達成目標、滿足心願。

（二）生命禮俗與寓意方式

吉祥物是由客觀的實體事物所構成，具有呈現人們內心抽象思維觀念的功能，對於被運用、配置於生命禮俗各環節的吉祥物寓意模式，參照各別屬性可分成：直接賦予、延長引申、諧音、傳說附會、實用昇華、符號等六種型態。在傳統禮俗活動中，透過這六種寓意方式，賦予客觀事物各種象徵寓意，再搭配著動態的儀式行為加以呈現，將祝福祈願的內涵加以顯現。

生育禮俗堪稱人生的首部曲，對於這階段禮俗活動的過程及內涵，依順序先後細分為三。第一階段稱為「祈子、懷孕」，禮俗活動的核心目標在對生育的祈求，從婚禮前後的祈子儀式，直到懷孕得子的經過。該階段吉祥物呈現模式的多寡，經統計依序為諧音、延長引申、實用昇華、傳說附會、直接賦予、符號。以「諧音」而成的吉祥物數量最多，其次為「延長引申」的形式，這樣的結果推測與禮俗內涵有關。如前所述，該階段禮俗的目的在於「生育」、「繁殖」的祈求，這種祈願內容相對來說較為抽象，是一種信仰性的祈求意念，因此配置於祈子、懷孕階段的吉祥物，也順應著祈願內涵屬性，採取寓意形式相對抽象的諧音與延長引申。特別是「諧音」形式的運用，憑藉的是語言轉換產生的概念轉化，這種模式因憑藉的是語言文字與意象上的運用，所以與實際物質本身構成的關聯性顯得淡薄，是最為抽象的寓意方式。

生育禮俗的第二階段為「生產、三朝、滿月、四月日」，這一連串禮俗的目的與功能，在於協助嬰兒、產婦從出生至滿四個月間的成長，因涉及層面以實際的養育過程居多，使禮俗的內涵趨向實際面的功能取向。此階段吉祥物寓意方式依運用的多寡，分別為：實用昇華、諧音、

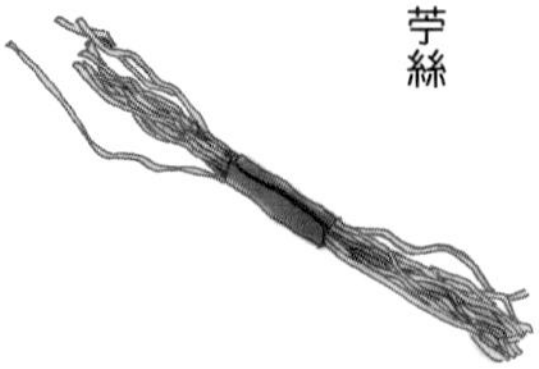

苧絲

延長引申、直接賦予、傳說附會、符號。「實用昇華」居首位，其次是在前一階段廣受運用的「諧音」。由於生產是生育禮俗中最關鍵的環節，其中，譬如生子裙、生子椅、燈心草、苧絲等生產中實際使用的物品皆被賦予吉祥意涵，成為生育的吉祥物，造就出此階段吉祥物多為實用性質事物的情形。生育禮俗的第一階段為「週歲、成長」，指從嬰兒滿週歲，直到成年的養育過程。過去因生活條件差、醫療環境不甚發達，嬰兒生後若能順利存活到週歲，大致已渡過生長的危險期。故在滿週歲之際，各家庭無不盛大舉行慶祝活動，並以抓週來預測嬰兒的未來。此階段吉祥物在寓意方式的多寡，依序為：延長引申、諧音、實用昇華、直接賦予、傳說附會、符號，「延長引申」的寓意不僅居首位，且占了極高的比例。主因在於這階段禮俗活動多以單純的祝賀居多，特別是用來判斷嬰兒未來的抓週之儀，需準備各式具職業象徵的物件，藉由延長引申的寓意手法，建構出職業與器物間的聯繫，使物件本身象徵某一職業屬性，並兼具吉祥意涵。

人生的第二個關鍵期為「婚嫁禮俗」及「祝壽禮俗」，其中，「婚前禮」也就是從出嫁前包含問名、訂盟、完聘與親迎的一切準備。在這段禮俗中，大致可見抽象性的意義傳達，以及實用性的呈現這兩種吉祥物的運用。所謂抽象性意義的傳達，像是透過多籽植物、蓮蕉花這種諧音具特殊意涵的吉祥物為賀禮，祝頌祈子、多子多孫、生殖繁延之意。另一類是具現實價值的聘金、金飾，以及裁衣、安床等婚前的用具準備，滿足婚前實際的物質需求，同時也兼具富貴、財富等象徵寓意。該階段吉祥物採用的寓意方式多寡，依序為：實用昇華、諧音、延長引申、直接賦予、符號、傳說附會。如此的吉祥物運用，符合這階段禮俗的內涵與目的，並且也印證前述對婚前禮吉祥物運用屬性的解析。「正婚禮」是婚嫁禮俗的重頭戲，指出嫁當天的一切禮俗活動，這階段禮俗舉行的過程幾乎集中於婚禮當日，不過運用的吉祥物類型相當的豐富多樣。

正婚禮中吉祥物運用的寓意方式，依多寡分別為：諧音、實用昇華、延長引申、傳說附會、直接賦予、符號。相較前述的婚前禮，顯示同樣以「諧音」及「實用昇華」寓意而成的吉祥物居多，推測由抽象性意義的傳達與實用性的呈現模式，應可視為婚嫁禮俗整體的實踐基準。此外，就正婚禮中吉祥物寓意的傾向來看，可發現另一種現象，就是採「傳說附會」而成的吉祥物所佔的比例居高，這應與婚俗本質有關。對傳統民間而言，婚俗的締結可視為擴大家族、繁衍子孫的開端，基於該禮俗的重要性，使得民間為了讓婚俗能順利圓滿完成，而在文明發展與文化積累下，構成數則與婚嫁相關的神話傳說。譬如周公鬥桃花女的傳說，賦予了婚俗神秘的面紗，使得整個過程得以再不受任何因素的干擾與影響下順利完成。

延續於正婚禮之後的禮俗，稱為「婚後禮」，這階段吉祥物採行的寓意方式，呈現：實用昇華、諧音、延長引申、直接賦予、傳說附會、符號的多寡排序。比較起婚前禮、正婚禮，婚後禮的吉祥物寓意作法，基本上與前兩者差異不大。婚嫁禮俗比起生育禮俗、喪葬禮俗來說，各階段禮俗間所呈現的差異少，禮俗的結構性最為完整。特別是生育禮俗經歷從出生至成長數十年的歲月時光，同時，各階段的禮俗活動也分別具有不同的目的性及價值觀，這點同樣反映於吉祥物的運用上。同樣的，喪葬禮俗雖然核心的禮俗活動需跨越的時間軸不比生育禮俗，但是，喪俗可說是歷經人生從有到無的變化，因此表現於禮俗內涵的轉折也遠比婚嫁來得豐富多變。

結婚開啟了人生的另一個階段，家庭的形成、子女的生養，夫妻終日兢兢業業的努力了數十年，直到兒女長成、髮鬢泛白之際，才開始舉行「祝壽之禮」。「壽慶禮」為祝福並祈求長者吉祥長壽，整個禮俗活動與吉祥物的運用配置，完全圍繞著「長壽」這個目的。壽慶禮吉祥物採用的寓意手法，呈現：直接賦予、實用昇華、符號、延長引申、諧音、

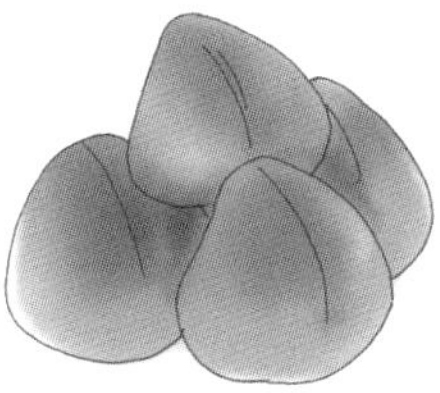

壽桃

傳說附會的多寡排列。其中又以「直接賦予」與「實用昇華」構成的吉祥物最多。壽慶禮的目的在於祝賀並祈求長壽，長壽是一種抽象性的祈願，如何能將它具體明確地呈現於壽慶禮？相信運用人的觀念思維創造生產的吉祥物，將成為最直接且具體的表徵。也因此，在祝壽活動中，可見多數出自人們依禮俗目的所創造的吉祥物，如：壽幛、壽桃、壽酒、壽麵等。這些吉祥物是人們對於「壽」的具體表徵，有計畫而製成的吉祥物，所以在表達象徵意義的強度上具絕佳的效果，透過這些吉祥物，使歷時較為短暫的「壽慶禮」仍充滿濃厚的吉祥喜慶氣氛。

不論是什麼樣的人生，是輝煌騰達也好，是萬般不如意也罷，生命終將會走向終點的「死亡」。這段為順應人生終點，發展而成的喪葬禮俗，從亡者斷氣的臨終為始，「臨終」指亡者斷氣離世到「殯殮」之間的禮俗。此階段禮俗的內涵目的，在於對亡者遺體的初步處置，以及調適安頓在世家人悲傷的心理狀態。該階段配置於禮俗中的吉祥物寓意方式，運用多寡的排序為：延長引申、實用昇華、傳說附會、直接賦予、諧音、符號。當中，「延長引申」模式運用是將抽象觀念加以引申或昇華，透過這樣的作法賦予事物「永生」、「富貴」等意涵，促使家屬傷痛的心情得以稍稍平復。另一方面，以「實用昇華」而成的吉祥物，則發揮其實用性在於遺體初步的處理上，藉此功能性與其他賦予的象徵意涵，使人們能夠順利渡過這階段。

喪俗的第二階段為「殯殮」，是將遺體入土安葬前重要的準備過程，基於民間信仰對來生與靈魂不滅的觀念，造就該階段的儀式活動與吉祥物，各個充滿濃厚的宗教性格及信仰觀。這部份運用的吉祥物寓意方式，依多寡呈現：傳說附會、實用昇華、諧音、延長引申、直接賦予、符號的排列。由「傳說附會」構成的吉祥物佔了多數，其次是以「實用昇華」寓意而成的吉祥物。關於傳說附會類型的吉祥物，譬如：「入殮」時的過山褲、桃枝、七星板，「割鬮」儀式使用的麻繩、銅錢等，皆可視為宗教信仰、民間傳說下的產物。至於數量居次的「實用昇華」與「諧

桃枝與銅錢

音」，則透過事物本身的功能性與發音相似等連結點，將象徵意象與實體事物加以串連，以達到傳遞祝福與吉祥意涵的目的。

在歷經事前這段漫長繁雜的禮俗過程，喪葬禮俗最關鍵的階段在於出殯，「出殯」指從靈柩移出靈堂辦理告別式、棺木入土安葬這段禮俗過程，是對亡者遺體最終的安置處理，以及家屬對亡者最終的道別。配置於「出殯」的吉祥物寓意情形，呈現：實用昇華、延長引申、諧音、直接賦予、傳說附會、符號等多寡排列。在六種寓意方式中，「實用昇華」與「延長引申」居多數，以實用昇華而成的吉祥物，被運用在遺體與安置過程，透過各自實用價值的發揮，成為喪俗中不可或缺的要素。藉由延長引申生成的吉祥物，將事物透過性質特性進行引申、昇華，造就具特殊象徵意象的吉祥物。此型態的吉祥物提供人們心靈層次的關照，讓禮俗最終目的得以彰顯。

屬於台灣民間的吉祥物運用思維

台灣民間對於吉祥物的運用，擁有一套獨特且結構完整的民俗知識。「植物」是吉祥物常見的類型之一，民間對植物類吉祥物的運用，大致源於原始信仰中的植物崇拜。因此，不論植物是否具備其他的象徵寓意，基本上，透過植物本身的生物特性，足以呈現「繁衍」、「生殖」等吉祥意涵。此外，若同時擁有結實多籽或名稱的諧音構成吉祥意涵等特殊條件，該類型的植物更容易被民間視為吉祥物而被加以運用。台灣民間多秉持著這樣的原則，將植物視為表現「生育」、「繁殖」的典型吉祥物。「動物」類型吉祥物是植物以外，另一種直接取自大自然的吉祥物類型，其成因多數源自動物崇拜。動物類型吉祥物於生命禮俗中的運用較為稀少，這點可歸咎於取材不易與社會環境之故，因此，多數原本以動物取意的動物類型吉祥物，被其他型態的吉祥物所取代。今日在禮俗中可見的動物類型吉祥物僅剩豬、羊、雞等家禽家畜，而且大多在料理後成為食物類型吉祥物。至於因取得不易或與人們日常生活關係疏遠的其他動物，民間大致直接將動物形象加以圖案化、造型化，甚至再與實用器物結合，採吉祥圖案與器物型吉祥物的方式來傳達象徵寓意。

「食物」型態的吉祥物是吉祥物各類型中最發達的一類，由於食物在成形、取意的可塑性遠高於動植物，讓吉祥物的造型種類與意涵呈現更為多元具體，另一原因歸咎於食物本為維持人類生理機能的要素。因此，食物類型吉祥物不論在數量及種類上，遠凌駕於其他類型的吉祥物。我們可發現，不論在生育、婚嫁或者喪葬之中，食物類型吉祥物以實用屬性為基礎，再透過材質、造型、符號、名稱等面向的創造，滿足人們期盼的各式吉祥意涵，這與動、植物僅能透過外觀特徵的引申，或是諧音來取意有很大的不同。譬如石榴象徵多子，蓮蕉象徵繁衍，桂圓則表現富貴圓滿之意，這些分別從結果特徵、諧音與外觀為基礎所賦予的吉祥物，人們無法隨心所欲為吉祥物創造多種的吉祥意涵。不過，像是民間常見的「紅龜粿」，人們則可依照自己所期待的吉祥意象，透過龜甲狀的外觀、大紅色的色澤、甜味的內餡食材等材質選擇、加工方式，直接將希望呈現的「長壽」、「喜氣」、「吉祥」等象徵一一賦予。而且，除了可達到祈吉的心靈欲求，一方面亦滿足人們的口腹之欲。基於這樣的先天特質，民間廣泛透過食物類型的吉祥物來彌補動物、植物，以及器物類型吉祥物無法達到的吉祥意涵。配合著日常生活所需，製作出具備食用（實用）價值，亦可發揮吉祥象徵的吉祥物。「器物」型態吉祥物兼具實用與象徵的功能，在傳統民間運用秉持的原則中，基本上與食物類型吉祥物近似，但是對器物而言，實用性的發揮仍為第一要件。日常生活周遭的大小器物，凡某些特徵符合人們期盼的吉祥意涵，即可在實用基礎下，透過昇華、引申或附會等加工，使之成為禮俗的一部份，這是最能呈現民俗知識的創造過程。

至於，前述的植物、動物、食物、器物該如何成為吉祥物，主要仰賴直接賦予、延長引申、諧音、傳說附會、實用昇華、符號等六種寓意方式，傳統生命禮俗中所見的吉祥物，以「實用昇華」、「諧音」、「延長引申」模式寓意而成的吉祥物居多。藉由「實用昇華」所成的吉祥物，多數屬於器物或食物，主要運用於實用性濃厚的禮俗活動中。像是生育禮俗的出生階段，婚嫁禮俗的婚前與出嫁，以及喪葬禮俗的出殯。其次也是相當受歡迎的「諧音」，諧音是相對於簡便且容易快速普及的一種寓意手法，因為諧音所運用的只是文字語言的轉換變化，這對社會大眾而言，將是相當便利又好理解的。只不過，各地流傳的語言用詞難免有些差異，為彌補語言不同導致象徵寓意無法彰顯，「諧音」也會跟「延長引申」模式相互結合。綜合這兩種寓意手法，不僅強化了象徵意涵呈現的強度，亦可在互補下，使吉祥物在禮俗活動的呈現與運用上更為廣泛。

至於「傳說附會、直接賦予、符號」寓意方式，傳統生命禮俗的運用上遠不及前三類。「傳說附會」而成的吉祥物，主要運用於部份受傳說神話影響的禮俗活動，譬如婚嫁禮俗中的出嫁，由於桃花女的故事，使民間在部份禮俗過程中，加入幾則傳說神話中所出現的吉祥物。一般具有「直接賦予」特徵的吉祥物，在日常生活的事物中可說是鳳毛麟角，而且許多事物取得不易，像是象徵長壽的松樹或烏龜，所以要針對自然物採直接賦予並非易事。也因此，將現實存在的事物或觀念加以符號化，成為另一種重要的吉祥物寓意手法。「符號」類型的吉祥物與傳統藝術的發展關係密切，在傳統造型藝術的創作中，絕大多數的作品皆運用到象徵寓意。由於吉祥文化在民間心靈層面上具有相當重要的位置，自然而然將吉祥文化納為創作元素，透過圖案符號等寓意手法，把人們內心的意念與價值觀表現於作品之上。但在台灣傳統生命禮俗中，雖然也會準備幾件「符號」藝術加工下的吉祥物，不過，由於該類型的吉祥物，不僅所費代價不低，同時缺乏實際功能，所以一般只在週歲、聘禮、祝壽等部份禮俗中出現，可說是所有吉祥物寓意方式中數量最少的一項。

吉祥物的文化意涵與民間價值觀

吉祥物具有的文化意涵

禮俗活動是人們在特定地域長期共同生活下，受信仰、風土、環境、習慣制約等因素所形成的一種世代相傳的文化傳統，這種行為維繫著家族世代情感及共通的文化記憶。人類透過禮俗活動的進行，年復一年反覆的體現與先祖間的情感，與對自我族群、家鄉的歷史文化懷念，並藉此表達對理想幸福人生的祈願。傳統生命禮俗中，除了憑藉儀式動作傳達世人追求的理想，亦透過具象的吉祥物，凝聚民間深層的集體心願，搭配著禮俗活動的展開與運用，呈現人們內心的祈願。「財子壽」是台灣傳統漢人社會最普遍的價值觀，是一種集體意識凝聚下所構成的吉祥觀，這種觀念潛藏於深層的基底文化，並透過口傳、物質、圖案等形式加以體現。本書在分散於第二、三、四章的吉祥物篇幅介紹，特別將吉祥物呈現的價值觀進行清楚的標示及分析，其目的在透過凝聚於集體意志下的價值觀與生命禮俗各階段的比對，詮釋生命禮俗與民間價值觀構成的關係。

生育禮俗是人生第一個關鍵時期，該禮俗可再細分「祈子、懷孕」、「出生、三朝、滿月、四月日」、「週歲、成年」三階段，運用於「祈子、懷孕」的吉祥物呈現的吉祥觀念，以象徵「子」的吉祥物居多，其次為「財」的象徵。由此顯示，這階段人們的信念全力投注於祈求繁衍生殖之上，當祈子的願望順利達成，祈求的重心便轉換到懷孕過程的安胎、安產。接著在「出生、三朝、滿月、四月日」階段吉祥物反映的價值觀，則以象徵「子」、「壽」的吉祥物佔了相對多數。特別是象徵「子」的吉祥物，除了延續上一階段的祈子祈願，也兼具有順利生產及下一胎早日到來的祈望。至於象徵「壽」的吉祥物，多數運於出生後的養育，祈求嬰兒無病無災得以平安順利成長。第三階段進入到「週歲、成年」，當嬰兒順利渡過成長危險期，達到滿週歲生命力已較穩定之際，人們所付出的關心，便開始有了些轉變。平安、健康固然重要，但是嬰兒未來的發展，亦是刻不容緩的大事。如此的變化，我們透過禮俗中吉祥物反映的吉祥觀念即清楚可視，象徵著「財」的吉祥物，在週歲、成年階段成為了相對多數。

男婚女嫁乃是人生另一大事，本書將婚嫁禮俗細分為「婚前禮」、「正婚禮」、「婚後禮」三個主要階段，「婚前禮」指在新娘出嫁前，雙方所舉行的一切禮俗活動，分析這階段吉祥物體現的吉祥觀念，得到「財」居於首位，「子」居次的結果。緊接於「婚前禮」之後是「正婚禮」，「正婚禮」為新娘正式出嫁到男方家當日的禮俗，是整個婚禮最重要的環節。這個階段吉祥物呈現的吉祥觀念，依多寡依序為「財」、「子」、「壽」。「婚後禮」是正式出嫁後舉行的禮俗活動，這階段吉祥物所蘊含的吉祥觀念，在構成、排序上皆與婚前禮、正婚禮相同。「財」的吉祥觀念在民間的理解認知下，不僅象徵著財富，同時也可引申有幸福、圓滿之意，如此的祈願相當符合婚嫁禮俗的目標與心願。

此外，當人們告別幼年長大成人，大多會將人生的期盼目標，設定在對功名、財富的追求，婚嫁正是成年後最重要的一項禮俗。因此在婚俗之中，藉由吉祥物與禮俗儀式的力量，不僅祈求婚姻圓滿，同時也順勢祈求未來能有好發展。「子」的吉祥觀念在婚俗中緊接於「財」，在對各吉祥物象徵意涵進行統計分析，檢視「子」在婚俗全程的吉祥物數目消長，確實在「婚前禮」到「正婚禮」間呈現略減，不過來到「婚後禮」階段，象徵「子」的吉祥物有明顯增加的趨勢，藉此顯現出人們在各階段心理期盼產生的變化。婚前禮時，由於傳統民間將婚姻的締結，視為家族繁衍及生育的開端，所以在婚前禮之中，雙方多採具多子多孫寓意的吉祥物，以呈現對「子」的期盼祝頌，同時女方也會事先準備生產用具，以備日後所需。到了「正婚禮」，人們主要祈求的是夫妻圓滿、新郎事業順利，因此在這階段，對於祈子祈願的重視便降低許多。最後到了「婚後禮」，人們又將關注的焦點回歸到祈子，這是傳統觀念對婚姻締結的終極期待，具祈子意義的吉祥物再度廣泛被運用於婚後禮。

渡過了人生的黃金時期，歲數亦達半百之際，便可以開始舉行「壽慶禮」，「壽慶禮」顧名思義為祝福並祈求吉祥長壽的禮俗。運用於該禮俗中的吉祥物，確實以象徵「壽」的吉祥物居多，當然在各項吉祥物中，也穿插了幾項象徵「子」或「財」的吉祥物，不過順應著禮俗屬性與目的，仍以充滿長壽象徵的事物為主。「喪葬禮俗」是人生最後一件的大事，當人們面對生死交關，心理不免產生悲傷與恐懼，因此在民間普遍的宗教信仰中，便形成靈魂不滅及來生的靈魂觀。本書將喪葬禮俗概分成「臨終」、「殯殮」、「出殯」三個階段，「臨終」指亡者從斷氣至殯殮間的禮俗，統計這階段吉祥物所呈現的吉祥意涵，以象徵「財」和「壽」的吉祥物數量最多。喪俗中對「財」的祈願，正是養生送死關懷的體現，並衍生出祖先靈魂具庇祐後代子孫的觀念，這不僅讓悲痛的氣氛得以獲得一定的紓解，並賦予後世積極進取的人生觀。在「臨終」禮俗中，人們透過象徵「財」的吉祥物，以表達亡者對後世前程的庇祐與祝福。至於象徵「壽」吉祥觀念的吉祥物，則是宗教信仰靈魂不朽的投影，藉著長壽的意象來象徵靈魂的永生，以減少並間接地降低人們面對死亡的恐懼。

「殯殮」運用的吉祥物象徵取向，大致與「臨終」相同，「財」仍是吉祥物主要呈現的吉祥觀念。「出殯」送靈柩入土安葬，代表喪俗即將告一段落，「出殯」為喪家與亡者遺體最後一次的告別，不捨的悲傷情緒到達臨界點。也因此在出殯前後被運用的吉祥物，除了象徵祝頌後世子孫前途的「財」，當一家喪失親人之際，亦會轉而強化「子」的祈願來彌補家中的缺憾。透過吉祥物的運用，使得人們得以順利通過人生各個關卡，在物質屬性具備的特徵與寓意方式的運用下，使心靈能夠得到調適與滿足。

吉祥物反映的價值觀與台灣民間價值

吉祥物反映的價值取向、吉祥觀，向來與民間的價值觀無法清楚區分，它往往源自於民間吉祥物具有的價值取向，也就是流傳於區域、民間大眾的一種價值觀。「財子壽」可謂台灣民間對傳統價值觀的普遍認知，如此的認知之所以產生，相信在吉祥觀．價值觀背後具有一定的立論基礎。任何一種概念思維的形成，絕無法憑空而起，而需要與社會、地域文化結合，進而根植於文化土壤中，運用各種合宜的文化表現模式，達到實踐及彰顯的目的。同樣的，「財子壽」這則被視為具代表性的台灣民間價值觀，是否正如所云，是一項深根於台灣民間的常民文化，並可忠實體現庶民心靈層次的價值及祈願的觀念。或者，僅源於某些歷史上的巧合或有心的文化創造，日後隨著歷史傳衍以訛傳訛，成為傳統民間共有的價值取向。

為了具體理解民間運用於傳統生命禮俗各環節吉祥物具有的吉祥意涵，本書在第二、三、四章關於吉祥物的篇幅中針對吉祥物的價值屬性採「財子壽」三項吉祥觀來分類歸納，結果顯示除了部份用於喪俗作為宗教內涵表現的物件，其餘各禮俗中的事物皆具備吉祥意涵，並可納入「財」、「子」、「壽」吉祥觀的範疇來討論。藉此現象，確認財子壽構成的價值取向，與台灣民間百姓普遍的心靈祈願有相當程度的吻合。「生命禮俗」是順應生命重要關卡孕育而生的禮俗活動，雖然各階段禮俗行事的生成，自有其特殊的功能與意義，不過整體的禮俗內涵與結構上可見其完整性。

生育禮俗是人們期盼傳宗接代、生殖繁衍而形成的民俗文化，在祈子與懷孕期間，多數的吉祥物呈現「子」的祈願，當嬰兒呱呱落地，具有「壽」象徵的吉祥物增加，因為嬰兒誕生後，順利成長無病無災成為人們心中的願望。當嬰兒生命安全無憂，以得順利長大成人，此時祈求的焦點將轉移到孩童的未來發展，於是象徵「財」的吉祥物，在這階段中扮演人們重要的祈願象徵。

生育禮俗呈現的價值取向，雖然就禮俗本身的屬性與功能而言，對「子」的祝福、吉祥祈願，確實是生育階段最迫切而重要的祈求，不過就潛藏於民眾心靈的價值觀而言，追求全面的吉祥意涵卻是人們始終不渝的心理特徵。換言之，若將人生全部的過程視為一完整體，當中宛如片段、枝節的禮節、習俗，對整體而言也具有無可取代的重要性。對民間社會來說，「財子壽」所構成的吉祥意涵，象徵的是完美極致的人生目標，人們深信唯有財、子、壽三者俱全，現世一切的心願及期待方可實現，到達幸福美滿的人生之境。因此，生育禮俗中，在廣泛運用吉祥物體現「子」的吉祥意涵之餘，其他具「財」、「壽」吉祥意象的吉祥物，也分別配置於禮俗各環節中，落實財、子、壽一體的完整吉祥觀。

「男婚女嫁」緊接於生育禮俗之後，這階段所呈現的價值取向，同樣含括於「財子壽」範疇之下。但由於婚嫁禮俗的功能與屬性，又像是「成家立業」一語，故將婚嫁成家視為立業的前哨站，進一步造就出在婚俗中，充滿著象徵財富、功名利祿的「財」吉祥物。「壽慶禮俗」顧名思義為歡慶長壽的生命禮俗一環，由於這項禮俗的屬性功能明確，反應於吉祥物的價值取向也多集中於「壽」的吉祥觀。「喪葬禮俗」運用的吉祥物，除了部份不具象徵意涵之外，其餘體現的價值取向仍緊扣「財子壽」。其中，確實又以「財」此項現世功利色彩濃厚的價值觀最受重視。只不過，比起吉祥物在其他禮俗中的呈現，「財、子、壽」價值觀在喪俗過程所運用的比例較為平均完整。綜觀而論，生命起源的階段，呈現著對「子」的祈盼，長大成人之後，緊接而來的是結婚成家及開創事業，所以對於「財」的祝頌相繼出現。當人生開花結果體悟到生命可貴之際，象徵長壽平安的「壽」，成為人生另一大訴求。人生的終結在於死亡，喪葬禮俗中吉祥物所呈現的祈求，橫跨「財子壽」，藉此為人一生的追求與願望做一個總結。

第六章

吉祥文化的過去、現在與未來

民俗、吉祥物與傳統藝術的關係

民俗是建構於經濟、社會及文化下的生活傳承、文化行為，為傳統藝術提供最廣泛的發展環境，在交錯複雜的社會因素中，民俗始終發揮穩固基底的力量，成為傳統藝術、民間藝術孕育的根基。也因此，當日常生活食衣住行的「生活禮俗」，從出生到死亡的「生命禮俗」，以及新年至除夕的「歲時禮俗」等民間傳承日趨式微，勢必影響傳統藝術健全永續的發展。一方面，若民間社會喪失傳統藝術的參與，民俗文化的內涵將顯得空洞而貧瘠。「吉祥物」可謂體現人類情感及祈願的物質表徵，亦是一種民俗文化的有形展現，吉祥物的生成、創造，往往配合日常生活及禮俗間的應用，以達到彰顯觀念意涵之目的。

「吉祥物」作為觀念的物化，藉由客觀實體以呈現意象，這樣的特質就傳統藝術的立場而言，雖然在文化意涵的呈現上，乘載著豐富多元的文化意涵，不過就物質形象及藝術層次而論，像是多數由自然物成形寓意的吉祥物，似乎已超出一般人對傳統藝術的認知。就藝術層次而言，藝術品的分辨有表現的技巧、形式與整體的完整配置、傳達形而上的內涵等基準。但以傳統工藝或傳統曲藝來說，則在於表達傳統審美意識，受文化傳統共有的人們所理解接受，作品傳達的意念及象徵都是彼此熟悉的符號。庶民生活產出的日常生活用具、器物或裝飾物，分別隱含著共同認知、意識下的意象與符號，這種意象符號正是傳統造形最重要的核心要素。不過，就生命禮俗的吉祥物而言，雖然在形制與特徵上，並非全然符合典型對藝術的理解，但是對於吉祥物本身構成的文化意象及呈現的象徵價值，卻使得吉祥物成為傳統藝術中，保有最豐富多元文化意涵的一種形式。此外，由於所有傳統藝術創作的根源，發軔於人類原始的思維觀念，這種文化模式隨著人類文明的發展，進而將抽象概念物化成所謂的「吉祥物」。我們可以說吉祥物具有的內涵，其實就是藝術創作的根源，透過重讀吉祥物內涵與意象的過程，將可為民間藝術創作的題材及內涵找回背後的文化意涵。

吉祥物的變遷與展望

民俗文化具有堅韌的傳承性與延續性，從遠古階段的發軔，歷經數千年時空的洗禮延續至今，一直保有相當旺盛的生命力。但是就今日的台灣而言，近代以來社會發展造成的工業化、都市化，以及近年來如排山倒海而來的全球化，讓社會型態、生活方式產生急遽的轉變。人們觀念意識產生的改變，導致對傳統民俗文化內涵造成前所未有的衝擊，許多文化不再受當前社會所重視，進而逐漸被人們所遺忘捨棄。在此並不是說在經濟發展之前，台灣社會並無遭受改變，需特別強調的是伴隨這波變遷而來的工業化、都市化、全球化，對整個社會帶來一場前所未見的巨變，並導致嚴重的文化失調及社會脫序。可理解的是，當社會變遷造成人們生活型態改變之際，將直接影響到與生活相關的民俗文化、禮俗行為，必須面對被改變的命運。吉祥物與禮俗之間，具有相當密切的關係，兩者互為表裡，相互包含。正當傳統禮俗活動面對這波的衝擊，亦將會對所運用的吉祥物，在呈現傳達的內涵及運行模式上造成影響。

當禮俗遭逢社會變遷產生的困境，若非一味採取排斥的態度，便可順利脫離這波衝擊，必須在社會變遷之下，重新審視傳統民間文化的內涵，使其在個人與社會之間，透過內在的調適運用，並與變遷下的社會達成相當程度的調和。就目前社會普遍的認知以為，吉祥物順應變遷社會具有的調適，譬如吉祥物在物化加工的取材，或是賦予寓意的內涵上，必須持秉持著合乎時宜的原則以對。對於社會具有正面意義的吉祥物，必須加以保留，對於部份不合乎時宜，或者有部份與原初意涵相違，甚至已背道而馳的陋俗，可針對部份內涵進行調整，再造出一項深具文化價值，並能符合時代潮流的吉祥物。事實上，今日流傳於台灣民間的吉祥物，在面對社會變遷產生的衝擊下，已形成一套應對調適的發展模式。

第一種作法稱為「化舊為新」，在社會型態與生活環境的轉變下，人們的觀念與思想不斷的進步，相形之下，許多源於傳統社會觀念的吉祥物，在結構或內涵上，已不合乎當代社會普遍的價值觀念。因此，這些吉祥物除了逐漸走向末路之外，也針對既有基礎加以改造，使之成為合乎時宜的吉祥物。例如：傳統於婚前的「裁衣」，在擇日師選定良辰下，邀請福壽雙全的婦人前往，為新人縫製婚禮所需的白內衣褲，取意象徵婚後生活富饒且豐衣足食。其實這套白內衣褲在傳統婚俗中，也兼具判斷新娘是否為處女貞操的功能，在婚後「舅仔探房」之時，即透過新娘的白內衣褲作為證明。顯然這種觀念與行為已不符合今日社會的價值觀，所以白內衣褲在近來婚俗運用上，除去了象徵證明新娘貞節的意義，成為象徵幸福、豐衣足食的吉祥物。

第二種作法叫做「舊瓶裝新酒」，根據傳統觀念或價值取向為基礎，運用新的材料元素，並配合著社會情境，創作出符合世人所需的吉祥物。

例如運用於生育或婚嫁禮俗中的「香菸」，香菸是近代民間重要的嗜好物之一，因香菸一稱與傳統社會用來形容家族香火承繼的語彙「香煙」同音，所以民間便把「繁衍」、「生育」等象徵寓意賦予在香菸之上。另外，如運用於喪葬禮俗「辭生」中的魚丸，魚丸是由魚漿製成的加工食品，原本並未帶有任何特殊的象徵寓意，不過由於民間透過「食魚丸，做議員」這樣的吉祥話，把這個食品與近代民主代議制度下的產物議員進行連結。一方面，也將傳統祈求功名科舉為官的心願，轉化為合乎現在民間成就認知的議員，進而將這樣的象徵意涵加諸於「魚丸」，產生新的吉祥物。這是關於吉祥物創新與變遷一項有趣的事例。

第三種作法名為「化繁為簡」，這種形式是目前最受社會大眾所認同，廣泛被應用於禮俗中的作法。將傳統繁複的禮俗內涵加以簡化，擇取主要且具核心價值的事物為代表，以此傳承下傳統文化。這種化繁為簡的作法，固然對傳統被視為鋪張奢華的禮俗活動，將可產生正面的意義；不過話又說回來，若對禮俗活動過度簡化的結果，將會削弱甚至全盤扼殺傳統文化，這是令人擔憂的。例如傳統婚俗中所使用的聘禮，除了具實用性的器物之外，一般還會準備像是蓮蕉花、芙蓉花等象徵寓意滿載的吉祥物。但是，這樣的景象已日趨式微，那些單單僅具象徵功能的吉祥物，正逐漸地被人們遺忘並加以省略。

吉祥物作為人們的心理表徵，雖然近年來社會急遽的變遷，促使傳統禮俗文化遭致嚴重的衝擊，不過這何嘗不是一種轉機，適者存在、不適者淘汰或改變，一直是傳承文化發展的必然現象。延續、修正、消滅、變化等不同型態的傳達繼承，可謂民俗文化存在的常態，穿越世代、反覆於人們的一生、一年、一日傳承運行，讓反映人類生活行為與事象的民俗，在二十一世紀的今日依舊生氣勃勃。同樣地，作為民俗文化表徵之一的吉祥物，也將在傳承、傳播等文化傳承流動下發展延續。

吉祥物於人類社會的價值與貢獻

人存活於世，第一步追求生存、安全，再要求有所成就，實現自我。由此出發，謀求吉祥、平安、順遂、成功，同時也避免凶禍、疾疫、失敗，成為世人生存的一種行為模式。這種源自於人類本能般的欲望與觀念，是任何說教約束所無法禁止設限，在漢人數千年的歷史傳衍過程中，雖然不斷地遭受統治者或宗教思想的阻礙。不過這種心理並不會輕易的消失逝去，它發源於民間深層的心靈本質，在遭受壓制與衝擊下，往往會順勢轉換成合乎時宜的發展樣貌，藉此順應任何外在的挑戰，適時地呈現出人們心靈中那股強烈的期盼與心願。

吉祥觀及相關民俗文化為傳統社會不可或缺的精神支柱，不過這種深具現世功利屬性的觀念與禮俗實踐，卻與歷代統治者推崇的道德教化、聖人之性的傳統儒家思想，在思想觀念與處事精神上，相互產生衝突與矛盾。就像儒家在面對世間利益之事，《論語・里仁》云：「君子喻於義、小人喻於利」，或「富與貴，是人之所欲也，不以其道得之，不處也」；但是在民間吉祥觀之中，卻將對財富與富貴的追求，視為人生最高的心願。除此之外，又如對生命與命運的認知，傳統儒家發展出來的思想觀，譬如《論語．顏淵》云：「生死有命，富貴在天」，這種主張「知命」、「一切命中註定」的宿命觀，對於民間大眾的觀念認知，確實也產生極大的作用。不過另一方面，在民間文化下的吉祥觀，人們對於生命與命運的體悟所呈現出來的，卻又是「福如東海，壽比南山」或「大德長壽，壽比松齡」這般的祈願。面對傳統儒家與民間大眾在認知，及價值觀上所產生的衝突矛盾時，人們自知源於廣大民間的價值觀念，終究無法與受統治者推崇的儒家思想之間，取得平衡對等的位置，再加上統治者加諸的壓迫，使得人們再度面對這種內心訴求時，以無法大膽直率的表達出來。

因此，這方面的心理欲望及情緒，逐步轉成為心中自我的壓抑，對於內心世界的一切，都相當嚴密的保衛起來，這樣的行為模式，隨著歷史時光的孕育傳衍，成為漢人特有的一種民族特質「含蓄」。對於這種心理特質，項退結《中國民族性研究》指出：中國人對於情感的表示非常矜持，在於把有關個人內心生活的一切，都很嚴謹的保衛起來，而這「有關個人內心生活」的範圍，對於中國人非常之廣。凡是與內心生活有關的一切，只能夠間接地或者以暗示方式說出，但也因此，這種表示卻又非常深刻。承接項書所述，當無法直接宣洩表達出內心世界時，便發展成一套間接的表現模式，借物抒情或透過雙關暗示的語彙，此可視為吉祥物與吉祥話的濫觴。人們將日常生活中存在的客觀事物，透過加工轉化成吉祥物，以做為宣洩內心長久被壓抑的祈求與心理情感。由於吉祥物成形與出現，人們的心理獲得了宣洩的管道，進而將心中所有的祈求，一股腦兒投注於吉祥物體系下以達到呈現。

世人在人生各個重要的生命、歲時環節，透過一件又一件的吉祥物宣洩傳達內心的期待及祝頌，而這些看似瑣碎繁雜的禮俗活動、習俗行為，配合著寓意人們內心所求的吉祥物運用，增添這些禮俗不少意義與象徵價值，成為深具意義與價值的人生大事。藉此人們的心理獲得了撫慰，雖然現實的生活並不如意，不過透過這些吉祥物，使得精神有所寄託，並獲得一份充實與滿足感。縱使現實生活充滿著艱辛困苦，在各個吉祥物表徵傳達的吉祥意涵下，使得苦澀的現實生活也露出幾份希望來，我們可以確信吉祥物對於漢人社會而言，真正的功能與價值在於它所賦予的心靈力量。

參考書目

小林里平
1910《臺灣歲時記》。東京：政教社。
山根勇藏
1995（1930）《臺灣民族性百談》。臺北：南天書店。
王樹村
1992《中國吉祥圖集成》。武漢：河北人民出版社。
王灝
1994〈生育舊禮俗〉《南投縣鄉土大系—南投民俗篇》。南投：南投縣政府。
王康
1994《財、財神、財運：中國民間招財習俗》。成都：四川人民出版社。
文崇一
1972〈中國傳統價值的穩定與變遷〉《中央研究院民族學研究所集刊》第33期。
臺北：中央研究院民族學研究所。
1989《中國人的價值觀》。臺北：東大圖書出版。
中川子信 編述
1983（1800）《清俗紀聞》。臺北：大立出版社。
方家慧等 監修、陳紹馨等 纂修
1964《臺灣省通志稿（卷二）人民志禮俗篇》。臺北：臺灣省文獻委員會。
片岡巖
1921《臺灣民俗誌》。臺北：臺灣日日新報社。

勾承益
1994《福、福氣、福音：中國民間求福習俗》。成都：四川人民出版社。
末次保、金關丈夫 編
1941-1945，《民俗臺灣》。臺北：東都書籍社。
立石鐵臣 圖、向陽 文
1986《臺灣民俗圖繪》。臺北：洛城出版社。
江韶瑩
1999〈解讀民俗文物〉《兔年民俗文物大展圖錄》。臺中：民俗公園。
阮昌銳
1976〈傳統生命禮俗的特性〉《中國論壇》1卷8期。臺北：中國論壇社。
1989《中國婚姻習俗之研究》。臺北：臺灣省立博物館。
1993《重修臺灣省通志 卷三 住民志禮俗篇》。南投：臺灣省文獻委員。
1994《臺北市傳統禮儀・生命禮俗篇）》。臺北：臺北市文獻委員會。
1999b《植物動物與民俗》。臺北：臺灣省立博物館。
向松柏
2001《吉祥民俗》。武漢：湖北教育出版社。
祁莉
2001《搖籃邊的祝福——中國的誕生禮》。上海：上海文藝出版社。
杜而未
1996《鳳麟龜龍考釋》。臺北：臺灣商務印書館。
吳存浩
1999《吉祥物今古談》。濟南：山東教育出版社。

吳瀛濤
1970《臺灣民俗》。臺北：古亭書屋。
李時珍
1985（明）《本草綱目》。臺北：宏業出版社。
李亦園、楊國樞 編
1981《中國人的性格》。臺北：全國出版社。
李晉宏 主編
2000《中國藝術圖案——福祿壽喜篇》。臺南：文國書局。
李秀娥
2003《臺灣傳統生命禮儀》。臺中，晨星出版社。
李鑒蹤、余雲華
1994《喜、喜酒、喜錢：中國民間納喜習俗》。成都：四川人民出版社。
赤星義雄
1935《臺灣の奇習》。臺北：財界之日本臺灣支社。
東方孝義
1997（1942）《臺灣習俗》。臺北：南天書局。
林衡道
1984〈臺灣的生命儀禮〉《生命禮俗研討會論文集》。臺北：中華文化復興運動委員會。
林永匡、袁立澤
2001《中國風俗通史（清代卷）》。上海：上海文藝出版社。

林承緯
2003〈生育禮俗中的吉祥物與民間價值〉《臺灣文獻》54卷2期。台中：臺灣省文獻會。

周進 編譯
1989《吉祥圖案解題》。臺北：中華書局。

周星
1997〈燈與丁：諧音象徵、儀式與隱喻〉《象徵與社會》。天津：天津人民出版社。

孟燕、勾承益
1993《金龜、蟠桃、靈芝：長壽吉祥物語》。成都：四川人民出版社。

范勝雄
2002《府城之禁忌讖送和俚諺》。臺南：臺灣建築與文化資產出版社。

洪惟仁
1986《臺灣禮俗語典》。臺北：自立晚報出版。

涂順從
2001《南瀛生命禮俗誌》。新營：臺南縣文化局。

徐福全
1984《臺灣民間傳統喪葬儀節研究》。國立臺灣師範大學中國文學系博士論文。
1996《臺灣民間祭祀禮儀》。臺灣省立新竹社會教育館。

陶思炎
1993《祈禳：求福、除殃》。臺北：臺灣珠海出版社。
1998《中國鎮物》。臺北：三民書局。
2003《中國祥物》。臺北：三民書局。

庵原謐 編
1935《滿支図案精華大成》。東京：三省堂。
陳瑞隆
1997《臺灣喪葬禮俗源由》。臺南：世峰出版社。
陳瑞隆、魏英滿
2002《臺灣生育、冠禮、壽慶禮俗》。臺南：世峰出版社。
2002《臺灣嫁娶禮俗》。臺南：世峰出版社。
許慎
1971（漢）《說文解字》。臺北：臺灣商務印書館。
曹甲乙
1955〈臺灣婚俗一瞥〉《臺灣文獻》6卷3期。臺中：臺灣省文獻會。
野崎誠近 著，古亭書屋 編譯
1994（1928）《中國吉祥圖案》。臺北：眾文出版社。
梁銀林
1994《祿、祿願、祿瑞：中國民間迎祿習俗》。成都：四川人民出版社。
張道一 編
2000《吉祥如意：論述篇、圖像篇》。臺北：漢聲雜誌社。
莊伯和
2002《臺灣民間吉祥圖案》。臺北：國立傳統藝術中心籌備處。

莊芳榮 編
2002《吉祥民俗畫展圖錄》。臺北：中華民俗文化資產維護協會。

項退結
1983《中國民族性研究》。臺北：臺灣商務印書館。

喬繼堂
1993《吉祥物在中國（中國吉祥物）》。臺北：百觀出版社。
2002〈中國吉祥物研究〉《二十世紀中國民俗學經典・物質民俗篇》。北京：社會科學文獻出版社。

黃有志
1991《社會變遷與傳統習俗》。臺北：幼獅文化事業公司。

黃濬
1979《花隨人聖盦摭憶全編》。臺北：聯經出版社。

曾景來
2010（1938）《臺灣宗教と迷信陋習》。東京：太空社。

鈴木清一郎
1995（1934）《臺湾旧慣冠婚葬祭と年中行事》。臺北：南天書局。

葉兆信 編著
1993《中國諸神圖集》。臺北：南天書局。

臺灣慣習研究會 著，臺灣省文獻委員會 譯編
1993（1901-1907）《臺灣慣習記事（中譯本，共七卷）》。南投：臺灣省文獻委員會。

臺灣總督府
1991（1914）《臺灣俚諺集覽》。臺北：南天書局。
臺北市客家公共事物協會
1997《客家民俗文化》。臺北：客家臺灣雜誌社。
臺灣省文獻委員會
1993《臺灣婚喪習俗口述歷史輯錄》。南投：臺灣省文獻委員會。
管梅芬 主編
2000《中國傳統吉祥物》。臺南：文國出版社。
劉道超、周榮益
1994《神秘的擇吉》。臺北：書泉出版社。
劉還月
2001《臺灣客家族群史 民俗篇》。南投：臺灣省文獻委員會。
蔡豐明
2001《生命之樹常青：中國壽禮》。上海：上海文藝出版社。
蕭春雷
2001《文化生靈》。天津：百花文藝出版社。
韓振峰 主編
1993《實用吉祥寶典》。北京：團結出版社。
謝宗榮
2000《臺灣避邪劍獅圖像研究》。國立藝術學院傳統藝術研究所碩士論文。

簡榮聰

1992《臺灣傳統農村生活與文物》。南投：臺灣省文獻委員會。

1994《臺灣生育文化》。南投：臺灣省文獻委員會。

蘇可明

1994《壽、壽禮、壽星：中國民間祈壽習俗》。成都：四川人民出版社。

蘇旭珺

2002〈服裝與生命禮俗〉《臺灣文獻》53卷1期。臺中：臺灣省文獻會。

Carl G. Jung 著、龔卓軍 譯

1999《人及其思想：榮格思想精華的總結》。臺北：立緒出版社。

J.G.Frazer 著、汪培基 譯

1994《金枝（上）巫術與宗教之研究》。臺北：桂冠圖書出版。

Hegel, George W. F. 著、朱孟實 譯

1981《美學（一）》。臺北：里仁書局。

Hegel, George W. F. 著、長谷川宏 譯

1995《ヘーゲル美学講義》。東京：作品社。

Rudolf Arnheim 著、李長俊 譯

1982《藝術與視覺心理學》。雄獅出版社。

Victor Turner 著、梶原景昭 譯

1981《象徵と社会》。東京：紀伊國屋書店。

Wolfram Eberhard 著、陳建憲 譯

1991（1983）《中國符號字典——隱藏在中國人生活與思想中的象徵（中國文化象徵詞典）》。湖南：湖南文藝出版社。

後記

本書的誕生，源自十餘年前初為民俗學徒的好奇，面對那些存在於日常生活、歲時節日、生命禮俗周遭，多數人習以為常的事物，思考該如何理解、加以詮釋，進而開啟一扇通往民俗研究之門。民俗是一項令人既感熟悉又陌生的語彙，每逢過年過節，打開電視頻道或翻閱報章，無不見民俗專家、命理老師，熱心解答民眾關於禮俗、運勢、風水等疑難雜症。那麼，作為一門學科的民俗學，又是如何？民俗學是解答傳承你我生活中的禮俗、慣習、傳說的學問，為何婚禮禮車上懸掛甘蔗、豬肉，小孩滿週歲舉行抓週，抓週的物品各有何涵義，長輩過壽分送的壽桃、壽酒，具有甚麼樣的意義。這些存在日常生活週遭的習俗事物，常因習以為常之故，人們多半僅延續著前人的作法，對於習俗行為蘊含的意義難有充分理解。或許有人認為，這些微不足道的事項是否有追根究柢的必要！當我們試著加以考察深究，發現在這些民俗文化背後，存在相當深厚且關鍵的意涵。新春過年，台灣人熱中來到廟宇走春參拜，日本人也在正月新年期間，忙著趕往神社、佛寺進行「初詣」；同樣地，台灣人逢端午，划龍舟吃粽子豎蛋，日本人的端午為男兒節，庭院懸掛鯉魚旗，吃著柏餅。日本的小孩滿月，父母長輩穿著正式服裝帶小孩前往鄰近神社參拜，並準備象徵吉祥長壽的赤飯、鯛魚、蝦子，台灣的滿月則祭拜神明祖先並準備紅蛋、米糕。民俗研究在共時性、通時性甚至跨文化的探討下展開，從這些小疑問的發現、思索出發，可謂筆者以民俗學為志、邁向民俗研究之道的起點。

追求幸福，期盼任何與自己相關事物，都能朝著自我寄望的思維，即為本書探討的主軸「吉祥」。其中，透過語言、符號、物質特性將客觀事物加以形塑，使之成為傳達世人對幸福祈願的吉祥物。本書以傳統生命禮俗為例，試圖以運用於台灣人生命禮俗各環節的吉祥物為題，勾勒台灣民間的吉祥文化，作為解開台灣人民俗文化及信仰世界之鑰。一方面，為了讓物的表現更為清晰，在文字篇幅之外，更大量採用圖繪的資料表現，傳達這些吉祥結晶的造型、物件，發揮文字性資料缺乏的圖象傳達能力，提升本書的可讀性。特別對逐漸疏離傳統生活經驗的年輕族群來說，豐富的非文字資料搭配文字描寫這兩種不同的知識傳達表記若能統整，將更有效呈現穿越時空、世代傳承的傳統文化內涵。

這本著作是以筆者就讀國立台北藝術大學傳統藝術研究所期間完成的碩士學位論文為基礎，重新改編而成的通俗性讀物，淺顯易懂的文字配合豐富的手繪彩圖，為本書構思製作的方向。這本可謂自己民俗研究起步的里程碑得以順利成書，首先要感謝引領筆者進入民俗學世界的恩師阮昌銳教授，同時更要感謝台灣書房編輯部對本書出版的協助。此外，書籍得以精美繽紛上市，最大的功臣是肩負起美編、圖繪的學生張家珩、賴盈秀小姐，謝謝你們。最後也要感謝妻智代一直以來的支持與鼓勵。

二〇一四年五月

林 承緯

國家圖書館出版品預行編目資料
就是要幸福：台灣的吉祥文化 / 林承緯著 . --
一版 . -- 臺北市：五南 , 2014.07
面； 公分
ISBN 978-957-11-7641-3(平裝)
1. 禮俗 2. 臺灣

530.933　　103008933

台灣書房 17

8V48 就是要幸福：
台灣的吉祥文化

作　　者　林承緯
插圖繪製　賴盈秀
美術設計　張家珩
總 經 理　楊士清
副總編輯　蘇美嫆
責任編輯　邱紫綾

發 行 人　楊榮川
出 版 者　五南圖書出版股份有限公司
地　　址　台北市和平東路２段３３９號４樓
電　　話　０２－２７０５５０６６
傳　　真　０２－２７０５６１００
網　　址　http://www.wunan.com.tw
電子郵件　wunan@wunan.com.tw
劃撥帳號　０１０６８９５３
戶　　名　五南圖書出版股份有限公司

顧　　問　林勝安律師事務所　林勝安律師

出版日期　2014 年 7 月 初版一刷
　　　　　2017 年 9 月 初版二刷
定　　價　新台幣 380 元整